中国热点辨析

（2019年1月修订）

任理轩　主编

人民出版社

序言　辨析凝聚共识

张首映

2014年底，接到任务，改革理论版，要求守正创新，使版面"活"起来，元旦后新版面世。我们立马研究，按照版以栏支、栏为版柱、文随栏出、改版必先改栏的思路，对过去的栏目进行逐一整理清理，保留"思想纵横"这个传统品牌栏目，新增"大家手笔""热点辨析"等栏目，努力让理论版尽快"活"起来。

设立"辨析"，考虑再三。理论的基本特征在思辨。理论文章存在推论易死、辩论易活的情况。解决"死活"问题，得"辩"起来。"辩"为双方、双边和多方、多边之辩，有具体对象，类似辩论赛中有个"反方"，对象性强；"辩"有辩题，类似打靶有靶子，针对性强；"辩"的内容多是当前大家关心的问题，时效性强；"辩"有一个"为什么辩"的问题，目的性强；"辩"有"争执""斗嘴"意味，传播性强；"辩"是理性的、思辨的，仍属理论范围，不至于"出格出圈"。

考虑过采用文学手法，选择"诗人哲学家"、"散文理论家"的做法或笔法，但是，它的前缀是"诗人"或"散文"，担心有些作者收不住，损害理论的准确性、科学性。我们开玩笑说，对于版面而言，栏目是"生产关系"，栏目里的文章是"生产力"；"生产关系"或栏目一旦定下，是一年或几年的事，不能轻易改变。如果找不到那么多"诗人哲学家"、"散文理论家"，生产力不能维持生产关系，迫使栏目下马，难保改革成功。

也考虑过使用"辩论"一词。计划经济时代，政府与市场的关系出现"一收就死，一放就活，一活就乱"的现象；理论界也有这种情况，不辩易死，辩则易活，瞎辩易乱。想想大鸣、大放、大字报、大辩论这"四大"，过度政治性辩论给国家、民族尤其知识界带来的灾难，不寒而栗。市场经济时代，高校等机构组织过若干辩论赛，有促进思想解放、增进思想激荡的一面，也有若干"花辩"，因过度娱乐化，遭人诟病。

想来想去，就"辨析"吧。虽属辩论，但辨识辩证，分析分析，有"搞活"理论之利，无过度政治化、娱乐化之弊；有辩论之利，无大批判之弊；有对立统一之利，无大吵大闹、只顾轰动效应之弊；有达成"公约数"、凝聚意志之利，无分化撕裂之弊。《墨子》说："夫辩者，将以明是非之分，审治乱之纪，明同异之处，察名实之理，处利害，决嫌疑。"他的意思是，辩，有"明是非，审治乱，明同异，察名实，处利害，决嫌疑"6 大好处。既如此，为何不干！

"热点辨析"，显现的是内容与方法的统一。"辨析"为基本方法，"热点"是对象、范围和题目，合而为一，就是这个栏目及其文章。

世界这么大，不一致不确定的东西很多，"热点"层出不穷。我国是个发展中的大国，发展起来的问题一点也不比不发展的时候少，人们关心的"热点"在增多。信息社会，新媒体雨后春笋般涌现，"自媒体"喷涌的问题比从地下冒出的石油还多，热点问题比从炼油厂出产的汽油还多。我们选取的"热点"，主要在"五位一体"和思想理论、国际涉华问题上，包括经济、政治、文化、社会、生态和党建、理论、国际 8 个方面。比如，市场决定作用是不是不要政府作为，反腐败会不会影响经济发展，生态建设会不会拖累经济发展速度，市场经济时代要不要践行核心价值观，某些外国人长期"唱衰""唱空"中国行不行，诸如此类，多是党政干部和知识分子即本报主要读者关心的较大问题甚至重大问题。"热点辨析"要做的，就是分析并力求解决这些问题。

"热点辨析"主要进行事实之辩、义理之辩、价值之辩。许多"热点"，事实不确、数字不准，或者来不及核准事实和数字，需要证实。有的"马虎先生"，拿老子的话当孔子的话，拿毛泽东语录当马克思话语，拿 2000 年中国 GDP 数当 2016 年 GDP 数，拿改革开放以来的成就否定此前的功绩，不校正它们，感到失职。西方有些所谓"认真"的学者，捣鼓"中国崩溃论"30 年，中国崩溃了吗？中国越来越好，而且"风景这边独好"。对于这些睁眼说瞎话的家伙，必须亮剑。有一种奇谈怪论，说什么宁要正确性、勿要准确性，宁要合理性、不要科学性；殊不知，没有准确性、哪来正确性，失去科学性、何来合理性。还有一种情况，真伪不分，有些大问题、真命题，他不去扎实研究，对那些不是问题的问题、伪命题，纠缠不休，没完没了；"热点辨析"纠正这种作风学风，善莫大焉。

刀越磨越光，"真理愈辩愈明"。在思想理论看来，"百家争鸣"就包括"百家争辩"。辩论辨析是理论进步的一种动力、一种体现。理论史上的每次进步，都是思想解放的成果，都有辩论辨析的功劳。有些辨析以"破"为主。对于一些歪理邪说、一些荒谬言论，必须竖起中国特色社会主义理论体系旗帜，用"充足理由律"指出它们的盲点错误、荒诞结论、古怪逻辑、贻害危害，匡正悖谬，以正视听。对于学术问题、理论问题，"热点辨析"往往"立"字当头，着眼建设，和颜悦色地参与讨论，心平气和地与对方一起追求"最好"和"更好"。搞理论的人都知道，写作也好，编辑也罢，存在我、你、他三者关系，我写给或编给你看、你们看，还有一个"第三者"盯着呢，他和他们睁着"第三只眼"，可能与我进行辩论，对一些不足之处进行辨析，所以，要尽可能持之有故、自圆其说，尽可能论述周严、逻辑严密，宁可反复修改，也不能因小失大，枉费心机。

"热点辨析"以公心辩，以公理析，目的在于正视问题、解疑释惑，缩小分歧、扩大共识。"热点"蕴含三个层次：热点本身属于第一层次；人对热点的感受、态度、看法、立场、观点、角度属于第二层次；"热点辨析"属于第三层次，通过对有关热点的感受、态度、看法、立场、观点、角度，一个一个进行解读、解析、辨别、辨析、辩论，一点一滴地做思想沟通、认识互通、感情联通工作，与读者一起判断一些热点认识对不对、好不好，哪些热点看法对自己有益处、对社群有益处、对人民有益处、对国家有益处、对人类进步有益处，哪些热点看法存私心、有弊端、会害人误国。它像一辆"环卫车"，扫除通往中华民族伟大复兴道路上的尘埃，洒洒水，维护良好空气；也像"扩音器"，扩大人们对实现中华民族伟大复兴的中国梦、建构人类命运共同体的共识。中华民族在饱经百年战乱和屈辱之后，经过几十年顽强拼搏，迎来接近伟大复兴的光辉时刻，人人心存这一共识，互相扩大这一共识，比千金万银更有价值。

"热点辨析"有一法宝，还是一个"传家宝"，就是唯物辩证法。辨析辩论有百种办法、千种途径，这个法子是管总的、根本的。据说，辩论赛常常采取"素辩"、"雄辩"、"花辩"、"诡辩"多种办法。"热点辨析"以唯物辩证法为根本，以"素辩"为主、"雄辩"次之，不搞"花辩"，既有理论自信，又理直气壮，敢辩能辩善辩，何必"诡辩"。这个栏目的作者们，自觉地、娴熟地运用这个"老办法"，发挥了独特作用，使之成为甄别正误的"校准仪"，清淤排污的"洁净剂"，判断是非的"定位仪"，理论创新的"推进器"。他们未必想成为"中流砥柱"，许多却实现了这个功能；未必想达到"一锤定音"，很多却取得了这样的效果。

2015年元旦，我们过"劳动节"。泡办公室，给我们熟悉的、估计能写辨析文章的作者打电话，与他们商量辩题，研讨辩道，寻找辩法。过完节，先后收到郑新立、黄群慧、贾康、李义平、辛鸣、张维为等的10篇"热点辨析"文章。"手中有粮，心里不慌"，栏目在1月7日开张。计划一周发一到两篇，一年约百篇，太少不成气候，太多令人不安；现在，这个计划实现了。去年，人民出版社慧眼识珠，出了《大家手笔》；今年，继续"慧眼识珠"，出了《中国热点辨析》。

又是一个春华秋实的故事。在这个阳光明媚的春天，年轻编辑们组来一堆"热点辨析"稿子。但愿他们培植的不只是几株树木，而是片片森林；编织的不只是手中锦绣，而是万里绿化带；平整的不只是几个疑点歧义，而是心灵的一马平川；凝结的不只是几个人的感情，而是一群又一群人的共识。

（写于2017年3月9日，作者系人民日报社理论部主任）

目　录

经　济

政　治

政　治

目　录

经　济

文　化

社　会

生态文明

党的建设

中国与全球治理

经 济

新常态是新认识新概括，不是一个筐

郑新立

当前，理论界出现研究经济新常态的热潮，这是好事。同时，也有泛化倾向，有的研究者把经济运行中出现的问题全都归结为新常态，有的甚至把经济的短期波动也归结为新常态。这值得商榷。

经济新常态并不是一个随意提出的概念，而是有着深刻的战略内涵。它所提出的时代背景是，我国经济总量已经上升到世界第二位，处于工业化后期阶段，人均收入跨入上中等收入国家行列；我国仍处于可以大有作为的重要战略机遇期，但战略机遇期的内涵和条件发生了改变。我国经济在向形态更高级、分工更复杂、结构更合理的阶段演化进程中，呈现一系列趋势性变化。这些趋势性变化，就是我国经济发展的新常态。经济新常态是对我国经济发展阶段性特征的高度概括，是对经济转型升级的规律性认识，是制定发展战略和政策的重要依据。

对经济新常态的判断和理解，直接影响我国经济工作的重点和基调，关系我国经济当前发展和未来走势。因此，形成对新常态的正确理解和科学认识十分必要。中央经济工作会议从消费、投资、出口和国际收支、产能和产业组织方式等9个方面对经济发展新常态作出全面深刻分析，对于我们正确认识、适应、引领新常态，具有重要指导意义。这九大特征的精神实质，就是集中体现了增速适度、结构优化、效益提高、民生改善的客观要求。增速适度，即经济保持7%左右的中高速增长。这一增速乃至增量，在全球依然名列前茅。结构优化，即最终消费对经济增长的贡献率继续提高，第三产业发展明显滞后的状况得到改变，第一产业过低的劳动生产率得到提高，第二产业的产品结构由以劳动密集型、资源密集型为主向以技术密集型、知识密集型为主升级。效益提高，即企业利润和财政收入持续稳步增长。民生改善，即城乡居民收入特别是中低收入者的收入持续较快增长，公共服务水平迅速提高。提出新常态的概念，决不是要安于现状，而是要通过加快转变经济发展方式，推动我国经济在新的起点上实现持续健康发展，如期实现"两个一百年"奋斗目标和中华民族伟大复兴中国梦。所以，习近平同志明确指出：新常态将给中国带来新的发展机遇。

新常态当然也会伴随新矛盾新问题，但新常态的内容不宜泛化，不宜把发展中需要解决的矛盾和问题都纳入新常态，那样会失去解决矛盾、问题的时机和动力；也不宜把一些短期现象纳入新常态，那样会导致长期经济政策发生偏离；更不能把新常态当成一个筐，什么都往里装。

不能把经济下行视为新常态。经济下行压力较大，是当前我国经济运行面临的重大困难和严峻挑战，也是我们应当下大力气解决的问题。经济下行压力既来自外部，也来自内部，并非无药可解。从内部看，它源于我国正处于由中等收入向高收入国家前进的艰难爬坡阶段。综观世界，成功跨越中等收入陷阱的国家都在经济结构特别是城乡结构上实现了根本转变，完成了工业化、城市化和农业现代化的历史任务，使农业劳动生产率赶上社会平均劳动生产率，城乡居民人均收入水平大体接近。在追赶发达国家的过程中，我们应把经济下行压力转变为全面深化改革的动力。如果出现增长乏力，就应当从体制和政策上找原因，向改革和创新要动力。

不能把需求不足视为新常态。需求不足是当前经济运行中的主要矛盾，它不是经济发展的新常态，而是长期以来投资与消费比例严重失衡的结果。改革开放30多年来，我国投资率不断攀升，消费率不断下降，生产能力快速扩张而居民有支付能力的需求相对下降。产能过剩是需求不足这一矛盾的另一面。问题是，我们对计划经济下的"短缺"有着深切认识，并通过发展市场经济，有效解决了这个问题；但对市场经济下的"过剩"关注不够、理解不深，缺乏有效对策和经验。发达国家通过加强经济预测和宏观调控、发展福利社会，使生产过剩的危机得到一定缓解。我们应借鉴国际经验，从我国实际出发，通过扩大内需、淘汰落后，解决当前产能严重过剩问题。这样，既可为经济增长注入强大动力，缓解经济下行压力，又能使广大居民更多分享发展成果。

不能把通货紧缩视为新常态。通货紧缩是当前我国经济运行的主要风险，但一来我们并没有陷入通货紧缩；二来通货紧缩属于短期经济波动问题，我国财政政策和货币政策还有很大运作空间，如果措施得当，完全可以避免出现通货紧缩的局面。我国政府债务率在世界上处于较低水平。发行长期建设债券以引导社会资金投向，扩大投资需求，还有很大空间。我国经济的货币化率偏高一些，但证券化率远远低于发达国家，这是由我国以间接融资为主的金融格局所决定的。广义货币（M2）相对于国内生产总值的比例高一些，这是正常的、必要的。当前适当增加一些基础货币投放，松动一下银根，不仅不会引发通货膨胀，而且对扩大内需、克服经济下行压力将起到重要作用。

我们所说的经济新常态，与国际社会针对国际金融危机后世界经济低迷状态所说的新常态，以及不久前国际货币基金组织概括的新平庸，显然有着不同含义。正确认识我国基本国情和经济发展阶段性特征，从实际出发推进改革、谋划发展，这是我们过去的成功经验，也是今后发展的重要原则。

（作者为中国工业经济学会会长；

《人民日报》2015 年 1 月 7 日）

全面建成小康，倒推经济增速做法不妥

刘培林

　　在地方特别是中西部地区调研时，常常听到"和全国同步奔小康"的说法，紧跟着会听到这样的思路介绍：全国人均国内生产总值到 2020 年预计达到多少，我们这里目前的水平是多少，我们要和全国同步奔小康就得实现年均百分之多少的增速，为此得上多少项目、引多少资、修多少路……这个思路概括起来就是，以 2020 年全国人均国内生产总值为依据，倒推本地区未来几年的增长速度。

　　地方积极性高，是我国经济高速发展的重要原因，应当肯定。但细细一想，欠发达地区把同步奔小康理解为到 2020 年本地人均生产总值达到全国平均数，即使在简单的代数关系上也存在悖谬之处。且不论这样的目标能否实现，就算实现了，届时全国的实际平均数也会水涨船高，不再是原来的数字。再仔细想想，倒推增速的思路若一级一级往下延伸，省级要达到全国平均水平，地市级要达到省级平均水平，区县级要达到地市级平均水平，这样下去，欠发达区县的增速岂不是要达到百分之十几二十几？这明显脱离实际。更危险的是，在条件不具备的情况下，一旦确定脱离实际的高增速目标，就容易违背规律采取非常规措施，就可能造成无法挽回的损失。

　　其实，地区之间存在发展差距十分正常，只要把差距控制在合理范围内，就不会妨碍实现全面小康和共同富裕。我国确立的全面小康目标是全国性的目标，到 2020 年实现国内生产总值和城乡居民人均收入比 2010 年翻一番的"两个翻番"也是从全国范围来说的。这就是说，全面小康目标充分考虑了地区间人均生产总值水平的差距及其缩小趋势，是建立在各个地区根据各自资源禀赋和比较优势合理发展基础上的，而不是说所有地区、所有市县、所有人都要实现"两个翻番"。倒推经济增速的做法，是对全面小康目标的误读。

还要看到，全面小康是一个涵盖经济、政治、文化、社会、生态文明等各领域的整体性目标，经济发展固然是重要基础和核心内容，但离开其他任何一个领域的协调发展都不是全面小康。片面追求经济高增速，与全面建成小康社会的思想背道而驰，不仅可能欲速则不达，而且可能带来环境污染等各种问题。如果那样，才真的是拖了全面建成小康社会的后腿，愧对人民、愧对子孙。

不倒推经济增速，并非给欠发达地区泄士气、泼冷水，而是要为其"解套"，促使这些地区从传统思维定势中走出来，努力实现科学发展。要认识到，人均地区生产总值和人民生活水平之间并非线性对应关系。有些资本密集的重化工业项目和重大基础设施项目，虽然可以显著提高人均地区生产总值，却未必能有效、持久地提高居民收入和生活水平。不少发展相对滞后的地区坐拥绿水青山，羡慕"金山银山"。要在保护好绿水青山的前提下换来"金山银山"，就要创新思路。例如，把发达地区人们日益提高的对绿水青山的消费愿望和购买力吸引过来，把生态绿色的特色农副产品以新鲜的状态送到人们的餐桌上。这里面大有文章可做。做好了，本地人民群众的收入水平和生活水平并不会比上马重化工业项目差，甚至会更好。

不倒推经济增速，还有其他方面的含义。比如，对于一些眼下人均地区生产总值比较高甚至已高于2020年全国可能达到的水平的地区而言，也不能松劲懈怠，仍然要在保证质量的前提下促进经济发展。因为这些地区的发展会吸纳欠发达地区的劳动力就业，减轻其发展压力；向欠发达地区输出资本和技术，带动共同发展，实现全面小康。

如今，我国经济正在向形态更高级、分工更复杂、结构更合理的阶段演化，经济发展进入新常态。在新的发展阶段，经济发展必须在转方式上取得重大进展，必须是平衡性、协调性、可持续性明显增强的发展，是科技进步贡献率大幅上升的发展，是"四化"同步、区域协调发展机制基本形成、对外开放水平进一步提高和国际竞争力明显增强的发展。概言之，发展必须坚持以提高经济发展质量和效益为中心，而不能片面追求经济增长速度。进而言之，全面建成小康社会必须更加注重全方位着力。经济持续健康发展，人民民主不断扩大，文化软实力显著增强，人民生活水平全面提高，资源节约型、环境友好型社会建设取得重大进展等，都是全面建成小康社会的重要内容，都是我们为之努力奋斗的目标。

（作者为国务院发展研究中心战略和区域经济研究部副部长；《人民日报》2015 年 2 月 12 日）

为什么西方经济学不能解释中国经济

张　宇

20 世纪 90 年代初，当苏联东欧发生剧变、中国从计划经济转向市场经济之时，西方主流经济学（以下简称"西方经济学"）认为，向市场经济过渡必须实行以全面自由化、私有化为核心的激进式改革，俄罗斯和东欧国家由于实行了激进式改革将迅速走向繁荣，而中国由于坚持社会主义制度并实行渐进式改革而将走向失败。但是，中国经济持续快速发展和俄罗斯东欧经济衰退、停滞的现实对这种观点提出了挑战。

如何解释理论与现实的这种巨大反差？有经济学家认为：中国经验至多是一种转型经济学的范例，即向资本主义自由市场经济过渡的一种特殊形式，没有普遍意义。如果说中国的改革取得了一些成就，那应归功于对西方经济学一般原理的应用，如发展私有经济、自由市场和对外开放等；中国经济面临的问题则缘于对西方经济学一般原理的偏离，如保留社会主义制度、国有经济、政府干预等，由于存在这些根本制度障碍，中国经济迟早会面临崩溃的局面。反复出现的"中国经济崩溃论"，就是这样产生的。然而事实是，中国经济崩溃的预言屡屡破产，西方资本主义国家经济却经历了 2008 年的严重危机，陷入持续低迷。西方经济学为什么不能解释中国经济？

首先是意识形态的原因。不可否认，西方经济学包含不少科学知识，如关于价格、货币、市场、竞争、贸易、汇率、产业、企业、增长和宏观经济等方面的理论，可以拿来为我所用；但也具有强烈的意识形态色彩，特别是它的基本理论，如经济人假设、生产要素价值论、自发秩序论、私有制高效论、自由至上论等，旗帜鲜明地为资本主义制度辩护，赤裸裸地宣扬个人主义世界观，由此形成了西方经济学的基本价值取向和政策主张：崇尚私有制而反对公有制，崇尚自由市场而反对政府调节，崇尚资本主权而反对劳动主权。显然，这样的价值取向和政策主张与中国特色社会主义格格不入，又怎么可能对中国经济作出正确解释呢？

其次是理论范式的原因。当代西方经济学的主要特点是：重逻辑轻历史，重形式轻内容，否认不同社会制度和历史条件下人们行为的差异，排除技术、制度、政治、文化等因素对经济生活的影响，把追求自身利益最大化的经济人假设当作考虑所有问题的出发点，把资本主义市场经济当作人类永恒不变的经济形式，把抽象的数理逻辑当作判断经济学是否科学的主要标准。这样一种理论范式，形式上似乎很完美，但与现实相去甚远。诺贝尔经济学奖获得者斯蒂格利茨说，西方新古典经济学不仅在转型过程和制度选择中用处很小，即使在解释发达市场经济方面也存在根本的局限。另一位诺贝尔经济学奖获得者保罗·克鲁格曼在2008年国际金融危机后也曾论道："宏观经济学在过去30多年的研究成果，说得好听点是毫无用处的，说得难听点甚至是有害的。"

第三是理论适用性问题。西方经济学中一些被认为是比较正确的理论，也往往是以一定的假设条件以及时空条件为前提的，并不是像自然科学一样的普遍真理。瑞典经济学家冈纳·缪尔达尔曾指出："这些（西方）经济学术语是从西方世界的生活方式、生活水平、态度、制度和文化中抽象出来的，它们用于分析西方世界可能有意义，并可能得出正确的结论；但是在欠发达国家这样做显然不会得出正确的结论。"比如，自由贸易理论是西方经济学的一个基本原理，但无论英国、德国、法国还是美国，在进行资本原始积累、建立自己工业体系的时候，都毫无例外地实行过保护关税制度。

一种颇为流行的观点认为，西方经济学反映的是成熟市场经济的运行规律和运作经验，具有普世价值，中国的改革开放只有以西方经济学为理论基础才能取得成功。这种观点是错误的。我们知道，共性以个性为基础，普遍性寓于特殊性之中。现代西方经济学从它体现市场经济一般规律的方面看，具有共性或普遍性，是我们发展社会主义市场经济需要认真研究和借鉴的。另一方面，抛开西方经济学存在的局限和缺陷不谈，即使是正确的理论，在解释中国改革发展经验时，也必须结合中国实际，而不能削足适履、照抄照搬。中国是一个发展中的社会主义大国，具有悠久的历史文化传统，我们的目标是建设富强民主文明和谐的社会主义现代化国家，实现中华民族伟大复兴。只有把市场经济一般规律与中国具体实际结合起来，才能找到切实可行的改革发展之路，才能理解和把握中国经济发展经验的实质和内在逻辑。也只有立足于中国国情和实践，并从中总结经验、构建话语、提炼思想、创新理论，中国学者才能取得无愧于时代和人民的理论成就，为人类发展作出贡献。

（作者为中国人民大学经济学院院长；

《人民日报》2015 年 3 月 12 日）

不唯 GDP　不去 GDP　超越 GDP

张晓晶

今年，各地纷纷下调了 GDP 指标。在经济发展进入新常态的大背景下，出现这种情况当属意料之中。从一定意义上讲，这是一大进步。因为在我国发展新阶段，追求增长的效益和质量更为关键，推动社会发展、环境改善同样重要。这表明，"不以 GDP 论英雄"的宏观调控新指挥棒已经发挥作用。

不过，凡事不能走极端。唯 GDP 不可取，去 GDP 同样不可取。事实上，全面建成小康社会很多硬性指标的实现与 GDP 增长直接相关。更值得注意的是，与下调 GDP 指标同时出现的还有其他一些现象，比如一些地方的干部干劲不足，即便有了项目、有了经费，在落实过程中也往往缺乏以前的积极性和主动性。究其原因，一是从消极层面理解不唯 GDP，即认为推动经济增长不重要了；二是改革的推进使得利益格局处在调整之中，而相关改革实施方案还不十分明晰，在此情况下一些地方选择了观望；三是在某些方面还存在中央和地方权责不清、激励不相容问题。

这些因素使得地方竞争的原有动力逐渐流失，地方推动发展的积极性趋于减弱。这表明，更深层次的问题不是要不要 GDP——事实上很少有人赞同完全不要 GDP，而是如果不以 GDP 为指挥棒，还能有什么激励机制来调动地方的积极性。

客观地说，促进地方竞争、激发地方活力是过去 30 多年我国经济成功的秘诀之一。尽管地方竞争产生了一系列不良后果，如恶性竞争、地方保护、市场分割、结构扭曲、产能过剩等，但地方竞争所激发的活力以及创造的经济增长奇迹也是有目共睹的。倒洗澡水不能把孩子一起倒掉。今天反思地方恶性竞争所带来的负面影响，决不能否认地方竞争是一种充满活力的机制。因此，在经济发展进入新常态的今天，创新宏观调控的一项紧要任务就是建立地方激励新机制。

经济发展新常态需要新型地方竞争模式与之相适应。过去的地方竞争模式，是相应制度体系下地方政府的理性选择，这一制度体系包括"GDP为纲"的政绩考核和官员选拔制度，以间接税为主、过于依赖企业税收的财政体制，等等。开启超越 GDP 的新型地方竞争模式，需要从以下两个方面激发地方竞争活力。

由竞争 GDP 转变为竞争公共产品和服务。这是经济发展到一定阶段、城镇化快速推进对地方政府提出的新要求。就赶超型国家的地方政府而言，在发展初期更重要的是经济功能，包括经济增长、产业发展、税收创造等。这在我国过去主要表现为围绕 GDP 的竞争。经济社会发展到今天，特别是在城镇化快速推进过程中，公共产品和服务的提供成为短板，这包括治安、教育、医疗、社区服务、社会保障（包括保障性住房）等。由提供公共产品和服务所引发的地方竞争一般被概括为"用脚投票"理论，即哪个地方提供的公共产品和服务最适合需要，人们就会选择去哪个地方居住。这种"用脚投票"的方式会激励地方政府努力提供适应居民消费偏好的公共产品和服务。尽管这一理论并不完全契合我国实际（如人口在地区间流动并不十分便利），但其着眼于提供公共产品和服务的种类、数量与质量来衡量地方政府治理水平，是值得我们借鉴的。从竞争 GDP 到竞争公共产品和服务，意味着弱化对地方政府的 GDP 考核，而将公共服务、市场监管、就业水平、社会保障、治安维护、环境保护等指标置于更为突出的位置。

理顺中央和地方权责关系。一些地方没有动力做事情，在很大程度上与缺乏财力和自主权有关。当前需要地方政府做的事情多、责任大，但相应的财权财力不够。比如在税收方面，以前依赖的是土地财政、增值税分成以及营业税等。现在土地财政难以持续，营改增也削弱了地方的税收来源。同时，尽管地方承担支出比重高，但在具体事项上自主权不足。这就使得中央和地方财政安排出现了激励不相容。对此，需要作出相应调整，以调动中央和地方两个积极性。第一，中央政府部门应进一步集中财力使用方向，减少专项转移支付，相应减少对地方的不当干预；地方政府也应集中财力使用方向，从而事实上增强财力自主权。第二，允许地方政府在不违反国家政策统一性的前提下，结合本地实际开征部分地方性税种。第三，推进消费税改革，在征收上从生产环节后移到零售环节，并改由地方征收。这样，地方将有动力采取措施促进消费，包括提高居民收入、改善消费环境以至生态环境等，从而不但扩大本地居民消费，而且吸引外地居民来消费。第四，适当提高地方在增值税中的分成比例，从而扩大地方财权，激发地方活力。

（作者为中国社会科学院经济学部研究员；

《人民日报》2015 年 3 月 31 日）

中小企业互联网融资靠不靠谱

赵卫东

　　与传统融资方式相比，互联网金融具有信息开放对称、低成本高效率、自主互动选择、时空灵活便捷等突出优势，与中小企业融资需求之间存在天然的"适配性"。但同时，互联网金融在安全、规范等方面还存在一些突出问题，使人们对互联网金融能否解决中小企业融资难问题产生了争论。那么，中小企业借助互联网融资，靠谱吗？

　　首先应明确互联网金融解决中小企业融资难问题确有优势。一是有助于增加中小企业融资机会。互联网金融处理中小客户贷款审核、资金交易具有比较优势，通过线上网络实现资金融通，能够降低中小企业融资难度。除各种互联网金融产品，众筹作为集合大量投资者小额单笔投资的网络平台，在开放选择中扩大服务对象，可以增加中小企业融资机会。二是有助于降低中小企业融资成本。中小企业贷款额度较小，因而银行处理中小企业贷款时，单位资金交易成本较高。互联网金融由于使用信息化技术，简化了贷款申请环节，可以降低中小企业申请贷款的交易成本。三是有助于降低中小企业信贷风险。互联网金融机构依托海量企业交易数据，可以为网络资金融通打造坚实信用基础，具有较强征信功能。同时，互联网金融突破传统征信手段面临的地域等限制，可以有效化解中小企业融资中信息不对称这一关键瓶颈。四是有助于实现中小企业个性化融资。中小企业融资需求呈现个性化、差异化特征。互联网金融可以依托信息技术和征信记录，对金融服务和产品进行改造和重构，满足中小企业的个性化融资需求。五是有助于建立微风险预警机制。互联网金融能利用大数据对中小企业还款能力和还款意愿进行较为准确的评估，并筛选出合格的企业。这一筛选过程有助于风险预警和管理，成为一种微风险预警机制。

其次应高度重视互联网金融存在的突出问题。一是 P2P 网贷信用风险管理不足，平台风险高。目前发展最快的 P2P 网贷平台除了数据安全、网络安全问题，还存在行业准入门槛低导致资质良莠不齐、运作不规范导致道德风险、信用管理不足产生融资风险隐患、资金监管不力导致违规设立资金池等问题。二是股权众筹合法性存在障碍，作用空间有限。目前，股权众筹融资对于初创的中小企业而言具有现实融资意义，但合法性问题的存在制约其发展。我国公司法和证券法的相关人数规定，导致大量股权众筹平台开展业务时不得不以"领投""代持"等模式规避法律障碍。合法性问题不解决，终将制约股权众筹融资发展的空间。三是互联网金融成本优势未能充分体现。以 P2P 为例，不同标准的平台费推高了中小企业融资总成本。《中国中小微企业金融服务发展报告（2014）》调查数据显示，绝大部分小贷公司贷款利率为 10%—25%。这就意味着很多 P2P 借款人成本超过小贷公司和民间融资的利率水平。另外，当前互联网金融与传统金融割裂，有效协同不足，也是重要问题之一。

互联网金融既有先天优势，也有成长中的不足，这是产生互联网金融靠不靠谱疑问的根由。要在解决中小企业融资难问题上大显身手，互联网金融应在以下几方面着力：一是保障互联网金融大数据安全。这是促进互联网金融健康发展、发挥积极作用的基本前提和保障。二是加强和改进互联网金融监管。在具体监管法律和监管措施出台以前，可以考虑由中国人民银行、银监会、证监会和保监会进行分业监管，并尽快推出相应监管法规及细则。三是积极化解互联网金融风险。借鉴传统风险管控手段，适应信息时代要求，在网络和金融两个层面控制风险，以确保互联网金融安全有序发展。此外，还应加强研究探索，构建传统金融与互联网金融系统协调机制，实现二者相互促进、共同发展，更好满足中小企业融资需求。

（作者为工信部中国电子信息产业发展研究院中小企业
研究所副所长；《人民日报》2015 年 4 月 1 日）

全面小康目标不能仅仅简化成有限指标

张占斌

近年来，为了评估全面小康社会建设成就，测算与全面建成小康的距离，一些研究机构提出了全面小康指标体系。以指标体系衡量，能使人直观看到全面小康建设进展情况。但有一种倾向需要引起高度重视，即认为完成这些量化指标就等于实现全面建成小康目标。这种对待全面小康目标的态度是否科学？全面小康目标能仅仅简化成有限指标吗？

答案是否定的。梳理全面小康目标的提出过程不难看出，全面小康是一个定量与定性兼备的目标，内涵十分丰富。进入新世纪，我国人民生活总体上达到小康水平后，党的十六大确立全面建设小康社会的目标，明确它是"中国特色社会主义经济、政治、文化全面发展的目标""是实现现代化建设第三步战略目标必经的承上启下的发展阶段"。党的十七大围绕中国特色社会主义经济、政治、文化、社会建设，提出实现全面建设小康社会奋斗目标的新要求。党的十八大进一步明确全面建成小康社会的新要求，即经济持续健康发展，人民民主不断扩大，文化软实力显著增强，人民生活水平全面提高，资源节约型、环境友好型社会建设取得重大进展。可见，全面小康实质是我国现代化的阶段性目标，涵盖工业、农业、国防、科学技术"四个现代化"，体现建设中国特色社会主义"五位一体"总布局。在五个方面中，有些可以量化，如经济、社会方面的一些目标；有些难以量化，如政治、文化方面的一些目标。因此，全面小康目标是定量目标与定性目标的结合。

经济、社会方面的一些目标虽然可以量化，但必须注意防范两种倾向：一是简单对待量化目标导致降低标准，甚至出现偏差。比如，对于到2020年实现城乡居民人均收入比2010年翻一番的目标，不能只盯着数字。因为即使人均收入实现翻番，但如果收入差距过大，就可能出现人均收入翻番但贫困人口众多的问题。这就不能说实现了"惠及十几亿人口的更高水平的小康社会"目标。二是只注重有限目标导致以偏概全。将全面小康目标量化，是为了分析的简便和直观，而且只能选择其中比较重要而且可以量化的部分。这种有所取舍并将定量目标具体化为某几个指标的做法，不可能全面准确地反映和评价全面小康建设的实际进展情况。

有些目标本身就难以量化，如果强行量化，效果反而不会好。比如，不少研究者并没有将政治建设和文化建设纳入量化指标，即使有些研究者试图量化，但选取的指标也有很大局限性。又如，有些量化指标中缺少生态文明建设内容，如果按这样的指标搞建设，就会导致重视经济发展、忽视生态环境保护。必须认识到，有些目标不能量化、没有量化，并不代表这些目标不重要。全面小康是"五位一体"的整体，五个方面彼此作用、互为条件，缺少任何一个方面都不可能建成全面小康。

既然存在难以量化的目标，可量化目标的情况也比较复杂，那么，在实践中就应特别注意防止将全面小康目标简化成有限指标的倾向，避免这一倾向对全面小康建设的误导。更要看到，全面建成小康的难点不在于完成定量目标，而在于完成定性目标。如果片面地把有限指标当作全面小康目标，导致可量化目标完成情况好、不可量化目标完成情况差，就会出现目标完成情况与人民群众实际感受不符的尴尬局面。

应当看到，当前不少地方存在"完成指标就是实现全面建成小康社会目标"的错误认识。有的地方根据指标体系认为已实现全面建成小康社会目标，实际上在生态文明建设、教育、科技创新等方面仍面临艰巨任务；有的地方对全面建成小康社会目标任务的复杂性、艰巨性认识不足，思想懈怠、行动迟缓。这样的想法和做法必须纠正。2015 年是全面完成"十二五"规划的收官之年，"十三五"时期是全面建成小康社会的决定性阶段。各地各部门必须努力避免割裂地、选择性地理解全面小康目标的错误倾向，严格按照党的十八大提出的全面建成小康社会的目标任务，深入学习领会和贯彻落实中央有关精神，真正把全面建成小康社会的各项要求落到实处。

（作者为国家行政学院经济学部主任、教授；

《人民日报》2015 年 4 月 8 日）

发展服务业并不意味着忽视制造业

史　丹

　　产业结构转型升级是经济发展的重要标志，促进服务业发展是我国经济发展的重要方向。但是，服务业占比高未必经济发展水平就高，关键要看制造业是否充分发育、足够强大到能够为经济持续发展提供创新动力。

　　最近两年，除了经济增长速度减缓，我国经济另一个重要特征是产业结构变化。从改革开放至上世纪末，我国工业增速一直独占鳌头，对经济增长作出巨大贡献，使我国实现了由低收入国家向中等收入国家的转变。2000年以后工业增速开始减缓，2010年以来工业对经济增长的贡献份额开始低于第三产业，2013年起第三产业超过第二产业成为规模最大的产业。

　　产业结构演变与人均收入水平并不总是互为因果关系，人均收入水平提高形成的服务消费需求，可以拉动产业结构向以第三产业为主转变；但产业结构变化对人均收入提高是否有作用，主要看产业结构变化能否形成结构红利，即资源向效率更高的产业配置。高收入国家经过多年发展，形成了以第三产业为主导的产业结构。然而，如果发展中国家片面追求第三产业占比高，则有可能阻碍经济发展。以巴西为例。1980年，巴西进入中等收入国家行列，工业和制造业占GDP的比重分别为45%和33.7%。但由于工业向资本和技术密集的高加工度产业升级没有成功，导致巴西提前进入服务经济时代，工业比重持续下降并在低位徘徊，经济高速增长也随之告一段落。

　　这表明，在产业结构转变过程中，实际上潜伏着产业结构早熟问题。所谓产业结构早熟，是指服务业成为主导产业后，制造业没有持续发展并实现技术升级，导致国民经济发展缺乏技术进步支撑，经济增长的动力不足，迟迟不能迈进高收入国家门槛。

在我国，类似产业结构早熟问题也曾出现过，改革开放前主要表现为重工业超前发展。例如，1958 年至 1960 年，工业总产值中重工业占比提高了 11.6%，结果导致消费品匮乏、物价上涨，人民生活水平下降，国民经济难以维持，不得不进行为时 3 年的调整。1970 年至 1978 年再次出现"重工业过重、轻工业过轻"的问题，1978 年至 1981 年再次进行 3 年调整。我国几次调整轻重工业比例，实际上都是解决重工业过早过快发展问题。当前，我国已进入中等收入国家行列，工业发展水平总体上进入中后期阶段，按照产业结构演变规律和实际情况，当前产业结构早熟风险主要潜伏于第三产业超前发展中。

一些地区片面地把提高服务业比重作为经济发展目标，经济发展战略简单模仿国家战略或一些经济发达的大城市。实际上，从产业布局和区域专业化来看，一些地区工业占比较高是其比较优势的体现，认为工业和农业占比较高就是经济不发达的观点是不正确的。

从美、日、欧等发达国家看，尽管第三产业占比已超过 70%，但它们在制造业领域仍保持领先地位，仍然主导着全球技术进步方向。调查显示，美国、日本、德国等发达国家在汽车、航空航天、新材料、新能源、信息和通信技术等领域仍扮演着全球技术发展"领导者"角色。

可见，加快发展服务业并不意味着忽视制造业。我国已成为世界工业大国，但制造业总体上仍以代工、加工为主；重大装备制造不断取得进步，但大部分处于加工和仿制阶段，真正拥有核心技术与自主知识产权的产品并不多。我国制造的产品附加值低，在高端制造业环节缺乏竞争力。在这种条件下，应充分认识产业结构早熟风险，更加注重提高工业尤其是制造业发展水平，加快推进制造业转型升级。

（作者为中国社会科学院工业经济研究所副所长；

《人民日报》2015 年 5 月 11 日）

新常态下的稳增长不是搞行政干预

管清友

2015 年一季度，我国经济增速回落到 7%。从 4 月份数据来看，经济下行压力依然较大。有鉴于此，中央明显加大了稳增长的力度，除了继续采用降息、降准等货币工具，公共投资的速度也明显加快。于是就有议论认为，这是在刺激经济、搞行政干预。这种说法是错误的。新常态下的稳增长不是搞行政干预，而是旨在去行政化，遵循经济运行规律，激发市场活力。

政策目标定位不是刺激增量，而是盘活存量。今年宏观经济政策的目标定位不是刺激增量、追求速度，而是盘活存量、追求质量。从财政政策看，今年初，财政部下达了 1 万亿元地方政府债券置换存量债务额度，这绝非刺激增量之举。2015 年到期的地方政府性债务估计为 4.5 万亿，其中负有偿还责任的债务在 2.8 万亿左右。去年 10 月，《国务院关于加强地方政府性债务管理的意见》剥离了融资平台公司为地方政府融资功能，但今年地方债额度仅有 6000 亿，加上 1 万亿债务置换和 1714 亿的到期地方政府债券续作，覆盖存量尚有约 1 万亿缺口，更谈不上依靠地方债扩张进行大规模刺激。从信贷方面看，主要思路也是盘活存量，并未实行大规模的信贷宽松。2014 年新增人民币贷款仅增长 10%，全年固定资产投资完成额实际同比也仅增长 14.7%。

政策操作方式不是"大水漫灌"，而是更注重"定向滴灌"。新常态下的稳增长政策不是以稳增长为单中心，而是稳增长、促改革、调结构、惠民生相结合。政府没有单纯为了追求速度而采取大规模刺激措施，而是更加注重定向调控、优化结构。从货币政策看，从 2014 年开始，央行采取定向降准、再贷款、抵押补充贷款（PSL）等方式调节银行和实体经济流动性，一方面对冲经济下行压力，另一方面为"三农"、中小企业等经济薄弱环节融资提供支持。从公共投资看，过去是"铁公基"为主，现在更加注重对产业升级和技术创新的支持，比如支持"中国制造2025""互联网＋"等符合经济转型要求的重点产业。这种由"大水漫灌"向"定向滴灌"的转变，体现了稳增长和调结构的结合。

融资模式发生两大转变。一是从间接融资向直接融资转变。在经济下行期，依靠银行进行间接融资的成本居高不下，容易引发系统性金融风险。新常态下的稳增长更注重通过资本市场进行直接融资，借助股权融资降低传统企业资产负债率，缓释金融风险，同时帮助新兴产业突破融资瓶颈，推动经济转型升级。2014年我国直接融资占比约为17%，直接融资比例提升的空间还很大。随着今年5月以来IPO（首次公开募股）、新三板的蓬勃发展，以及即将推出的股票发行注册制改革，未来将有更多企业转向直接融资。二是从政府资本为主向政府和社会资本合作转变。新常态下的稳增长更加注重引入社会资本，让市场在资源配置中起决定性作用。政府大力倡导推广PPP模式（公私合作模式），近期已有超过2万亿的PPP项目开始招标。这将有效弥补政府基建融资的缺口，缓解经济下行压力。

投资方向更注重服务业。以重化工为主的传统制造业发展需要大量要素投入，虽然对GDP的拉动作用十分明显，但就业吸纳能力差，资源环境成本高，潜在债务风险大，不符合经济转型升级的方向。同时，大部分传统制造业仍存在产能过剩问题。新常态下的稳增长更加注重服务业的发展，通过开放准入和混合所有制改革等方式激发服务业的增长潜力。这不仅为经济增长提供了新动力，也为就业稳定提供了有力保障。

（作者为民生证券研究院执行院长；

《人民日报》2015年6月2日）

缩小虚拟与实体经济行业的收入差距

曾国安　曹文文

随着我国经济持续快速发展，居民收入水平普遍大幅提高。但收入分配中也存在一些问题，其中虚拟经济行业职工与实体经济行业职工收入差距偏大就是一个突出问题。2000 年虚拟经济行业职工平均工资水平比实体经济行业高 3791 元，2012 年这一差距扩大到 29104 元。2000 年虚拟经济行业职工平均工资水平是实体经济行业的 1.41 倍，2012 年扩大到 1.65 倍。如果考虑到虚拟经济行业有更高的福利性收入，两者之间的实际收入差距就会更大。尽管这不是我国独有的现象，但从国际比较看，我国的差距水平明显偏高。2013 年，美国虚拟经济行业职工平均工资水平是实体经济行业的 1.39 倍，英国为 1.28 倍，日本为 1.28 倍，俄罗斯为 1.48 倍，韩国为 1.24 倍，我国香港地区为 1.49 倍。与这些国家和地区相比，我国的差距水平是最高的。

虚拟经济行业与实体经济行业收入差距偏大并持续扩大，对改善收入分配、促进实体经济发展造成了不利影响。首先，加重经济结构问题。虚拟经济和实体经济行业收入差距偏大，拉大了城镇居民内部、城乡居民之间以及不同地区之间的收入差距，对改善收入分配结构、缓解经济失衡造成了负面影响。其次，不利于实体经济发展。实体经济是虚拟经济产生和发展的基础，两者必须保持合理、协调的关系。两类行业收入差距偏大，既导致优质人力资源等过度集中于虚拟经济行业，也导致产业资本脱离实体经济大量流入虚拟经济行业，结果是实体经济行业因资金短缺而发展受限，大量资金却在虚拟经济行业空转。这样不仅危及国民经济持续健康发展，而且会对扩大就业造成负面影响，因为当前 95% 的劳动力要依靠实体经济行业提供就业岗位。再次，增大了宏观经济风险。虚拟经济行业职工的高收入来自该行业的高收益，但这种高收益很大程度上来自虚拟经济行业缺乏竞争和高投机性、高风险性。两类行业收入差距过大会吸引更多的资金投入虚拟经济领域，推动经济虚拟化，增大宏观经济风险。

虚拟经济行业与实体经济行业的职工收入差距，有一部分是由劳动生产率差异、人力资本差异等因素造成的，但也有很大一部分来源于虚拟经济行业的高垄断性。这种垄断性可以使其获得竞争性实体经济企业很难获得的租金。2012 年在中国 500 强企业中，5 家国有商业银行在营业总收入中的占比只有 6.2%，在利润总额中的占比则达到 35.6%；而 268 家制造业企业在营业总收入中的占比达到 41.1%，但在利润总额中的占比只有 20.2%。实体经济行业大多具有高度竞争性，生产要素价格和商品价格都不受其控制，既无法获得溢价收入，还要承担高昂的利息成本。近几年，规模以上工业企业的营业利润率只有 6% 左右，远低于银行业。

解决虚拟经济行业和实体经济行业收入差距偏大问题，已成为改善收入分配、促进实体经济发展、防止国民经济过度虚拟化的重要条件。中央高度重视这一问题，近年来相关改革措施推出步伐明显加快。比如：进一步深化经济体制改革，放松金融市场进入管制，进一步促进金融市场开放和竞争，加快利率市场化改革进程；深化土地流通和开发制度改革，改变土地溢价收益集中于土地使用权人的分配格局；等等。此外，还应通过税收政策等调整租金分配，减少虚拟经济行业租金占有份额，通过政府集中租金，以再分配的方式提高实体经济行业职工收入水平；实行差别化的税费优惠政策，扩大对实体经济的税费优惠，进一步减轻实体经济税费负担。同时，通过产业政策、技术政策等支持实体经济产业升级和技术水平提高，提高实体经济发展能力。

（作者单位：武汉大学经济与管理学院；

《人民日报》2015 年 6 月 17 日）

把握新一代制造技术发展方向

房丰洲

前不久，实施制造强国战略的第一个十年行动纲领《中国制造 2025》印发，为我国工业转型升级明确了目标任务。制造业是工业的主体。我国工业要在新一轮国际竞争中获得优势地位，不能盲目追求超前的工业生产方式，更不能亦步亦趋地被动追赶，而必须立足我国实际，紧盯新一代制造技术发展方向。

我国工业转型升级，首先应立足自身实际。德国"工业 4.0"战略是信息化与工业化深度融合的产物。作为新的工业生产模式，"工业 4.0"对我国工业转型升级具有一定启示意义。但目前，我国绝大多数工厂还处于劳动密集的"规模化流水线"的"工业 2.0"时代，尚未进入大规模自动化生产的"工业 3.0"时代。鉴于与发达国家工业水平存在较大差距，我国应立足自身实际，在总体上追求"工业 4.0"的同时，兼顾"工业 3.0""工业 2.0"，寻找工业转型升级的突破口。《中国制造 2025》就是要打开这个突破口。

把握新一代制造技术发展方向，是我国工业转型升级的关键。制造业的发展历程和趋势可分为三个阶段：以经验和技艺为基础的手工成型制造 1.0 时代，基于机器精度的可控制造 2.0 时代，接近物质基本组成的原子和近原子尺度的制造 3.0 时代。制造的核心技术之一是加工。当加工的尺度从微米、纳米向原子尺度逼近时，出现了原子量级的材料去除、迁移或增加，传统的加工理论已无法解释这一尺度下发生的现象和效应。这也标志着制造技术将从以经典力学、宏观统计分析和工程经验为主要特征的现代制造技术，走向基于多学科综合交叉集成的新一代制造技术。这种原子或近原子尺度的制造，简称为 ACSM 制造，即"制造 3.0"。制造 3.0 远远超出常规制造的理论和技术范畴，在电子信息、材料、新能源、生物医药和国防安全领域具有重要研究价值和广阔应用前景，是新一代制造技术发展的重要方向。

只有牢牢把握制造技术发展方向，才能避免无效投入、摆脱被动局面。例如，电子管出现后，曾一度成为电路系统的核心元件，但随后被晶体管取代。又如，微芯片的诞生开创了一个时代，芯片集成度正在快速发展。但将来，利用量子科学开发出基于量子芯片的新的信息处理机制，即量子计算机，其处理速度理论上将是传统电子计算机的上万亿倍。试想，如果在晶体管出现之前，我们下大气力投入电子管的研究、开发与产业化，当晶体管出现后，所有努力就都会付之东流。同样，如果我们付出巨大努力在微电子芯片制造上，若干年后，当量子芯片时代到来时，就不得不进行另一轮追赶。无论量子芯片还是其他我们没有预见到的新的革命性元器件，当它们形成产品时，都必然对新一代制造技术产生巨大需求。

从历史上看，一个国家只有把握制造技术发展方向，利用好制造领域科学技术变革的机遇，才能实现快速发展、跨越式发展。可以说，制造业发展一定程度上左右着世界经济格局的变化。亚毫米级制造精度使蒸汽机革命在英国获得成功，造就了"日不落帝国"；微米级制造精度适应了电气和电子产品制造，成就了美国、欧洲和日本的经济快速发展。作为下一代制造技术的代表，"制造3.0"有望在制造领域带来科学技术变革，为我国实现由制造大国向制造强国转变提供重要机遇。

（作者为天津大学教授、"973"计划项目首席科学家；《人民日报》2015年6月30日）

规范发展众筹模式

董　竹　尚继权

一段时间以来，作为互联网金融模式之一的众筹模式快速发展，引起社会关注。一些人批评众筹模式存在种种缺陷和问题，质疑发展众筹模式会带来系统性金融风险。另一些人则认为众筹模式支持创新，是积极的新生事物，不必太过担忧其风险，更不能将其一棍子打死。那么，众筹模式的风险隐患有多大呢？

众筹模式以众筹网站为中介平台连接投资人和筹资人，使得筹资人能够集中投资人的资金、能力和渠道，使项目获得资金或其他物质支持，加速创意和研发成果转化。截止到 2014 年底，我国众筹募资总额突破 9 亿元，发展迅速。在类型上，众筹模式主要分为股权众筹、债权众筹、捐赠众筹和回报众筹四大类。其中，股权众筹、债权众筹具有类金融融资的属性，本质上是出售创业公司的部分股份或以创业公司、个人为借款主体的借贷行为，属于金融脱媒现象。在传统金融系统中，银行等金融机构能够依靠专业能力对企业、项目、个人进行甄别，在保证资金风险可控的情况下实现收益最大化。而在金融脱媒的众筹模式下，由于没有中间机构的监管，投资者所面临的风险大大增加。当前，众筹模式的总规模在整个金融体系中的占比很低，即使出现问题也不足以冲击整个金融体系。但从长期来看，随着众筹规模的进一步扩大，如不加以规范管理，则确实有可能引发系统性金融风险。所以，现在正是规范发展众筹模式的关键时期。具体分析，众筹模式面临的风险主要有法律风险、信用风险、投资风险和监管风险。

存在缺乏法律规范的风险。众筹模式属于新兴融资模式，缺乏相关法律规定，众筹行业也缺少公认的行业规范。随着众筹行业规模不断扩大，缺乏法律规范的弊端日益显现，一些众筹行为在法律红线边缘游走，甚至与非法集资和擅自发行债券沾边。

发起人和项目原创性两方面均存在信用风险。对项目发起人信用的审核由众筹平台完成，过程不透明，发起人有可能以虚假身份融资后"跑路"，现有信用审核机制难以有效防范违法犯罪。众筹平台上的项目主要集中在科技文化领域，知识产权性质明显，容易引发纠纷。同时，众筹平台的开设成本较低，但在面临刚性兑付时，付款所需金额将远远超过众筹平台所能承受的限度。

创业投资的成功率低、风险大。有统计显示，创业项目的平均生命周期不足 3 年，绝大部分早期夭折，投资风险较大。股权众筹一直被称作"属于普通人的天使投资"，但即使最成功的风险投资家也不能保证在天使投资中获取超额收益，对于毫无风险投资经验的普通人来说，其难度不言而喻。债权众筹更像是去除了商业银行环节的贷款行为，但众筹平台并没有足够力量承担项目的尽职调查责任，更无法通过精确计算解决风险评估和借款人的道德风险问题。

监管难度较大。众筹模式能降低金融系统成本，但其更多的是渠道方面的创新，在金融行业的核心风险管理方面毫无建树，甚至其监管难度大于传统金融系统。

促进众筹模式健康稳定发展，无论对于维护金融系统稳定，还是对于促进大众创业、万众创新，都有重要意义。首先，应健全法律法规和政策体系。监管机构应按照审慎管理的思路完善相关政策，健全准入制度，丰富众筹项目信用风险管理手段。其次，积极构建防控风险的"防火墙"。应建立系统性金融风险防范机制，如控制众筹融资规模等，降低项目风险向投资者转移的幅度。同时，督促众筹平台加强内部控制和风险管理，加强对众筹模式和业务发展中潜在风险的监测，防范企业、项目风险以及非正规金融风险向金融体系传导。最后，应逐步建立针对众筹项目的市场化风险补偿机制。

（作者单位：吉林大学；

《人民日报》2015 年 8 月 27 日）

建设制造强国不能忽视中小企业

尚会永　　林汉川

当前，世界制造业竞争更加激烈。为了应对新的竞争环境，我国制定了《中国制造 2025》，提出实施制造强国战略。但是，在发展制造业的具体思路方面，一些地方和部门仍然倾向于以优惠政策引进大型企业，而对于中小企业，则往往认为其规模小、技术落后、纳税能力弱，因而缺乏发展、扶持的积极性。高树靡阴，独木不林。应当看到，世界制造强国不仅有一批世界知名的大型制造企业，而且有众多专业性强、创新活跃的中小企业，大企业同中小企业一起构成了具有持续竞争力的产业生态系统。这启示我们，仅依靠大企业建不成制造强国，应高度重视中小企业在建设制造强国中的重要作用。

中小企业可以帮助大企业降低成本、提高质量。面对激烈的市场竞争，降低成本和提高质量是企业的永恒主题。提高外部采购率、加强外部协作是大企业降低成本、提高质量的主要策略，其实施高度依赖于中小企业的发展。众所周知，苹果公司的应用商店（App Store）销售几十万家中小企业的应用软件产品，这些产品在提高苹果产品的应用体验和利润水平方面发挥了重要作用。让苹果公司自己生产这些产品，显然是不可能的。再如，早期的福特公司不仅拥有众多零部件部门，还拥有炼钢厂及铁路。后来，在越来越大的成本压力下，福特公司等整车企业竞相提高外部采购比例。当前，随着汽车产业智能化、网络化发展，从事软件及服务的中小企业数量快速增长。可见，我国要振兴作为制造业重要部门的汽车产业，培育具有全球竞争力的本土品牌，其必要条件之一就是一批具有世界竞争力的零部件企业崛起。

中小企业是制造业创新的"蓄水池"。经济学家马歇尔将企业发展比喻为森林中大小树木之间的竞争，小树在与大树争夺阳光和空气的竞争中屡屡失败，但最终结果一定是大树被更有生命力的小树所取代，如此循环往复而使森林生机勃勃。当前，由于信息技术进步及新的商业模式出现，交易成本不断降低，推动了产业链的裂解、延伸、交叉和融合，生产的网络化和社会化特征更加明显，中小企业数量不断增多、作用更加凸显。借助发达的生产网络和资本市场，中小企业不断开发新技术、新产品，创造新的市场空间。微软、苹果、华为等大企业无一不是由中小企业发展来的。那些仅仅依靠引进大企业发展制造业的地区，其技术储备、项目储备、人才储备往往会出现断层。

中小企业是保障制造业可持续发展的"稳定器"。目前，我国制造业面临的困难并不完全在于技术创新不足，产品可靠性不高、精品意识差也是重要原因。提升制造能力需要数据积累、员工技能积累、生产诀窍积累等，而完成这些积累都需要相对稳定的社会环境、生产场所及员工队伍。中小企业在技术、管理、商业模式方面的探索，包括成功的经验和试错的教训，形成了制造业持续发展所需要的大部分积累。中小企业为社会提供大量就业岗位，保障制造体系稳定，促进社会稳定，这也是制造业持续稳定发展的重要基础。

发展中小企业是建设制造强国的内在要求，是生产方式变革的重要条件，必须放在更加突出的位置。一是针对一些地区公共服务不到位、公共部门不作为甚至乱作为的问题，通过进一步简政放权减轻中小企业负担。二是针对中小企业融资难、人工成本高、技术创新不足等问题，尽快完善有利于中小企业发展的市场机制，激发企业创新创造的活力。三是推动中小企业国际化，鼓励中小企业融入全球产业链，与跨国公司同步研发、同步生产、同步销售，了解全球产业变化趋势，学习跨国公司生产和管理诀窍。四是通过完善中小企业促进法等保障中小企业的合法权益。

（作者单位：清华大学，对外经济贸易大学；

《人民日报》2015 年 9 月 9 日）

人口红利消失并不会导致经济停滞

张车伟

近些年，随着人口红利渐趋消失，中国经济难以持续增长甚至会陷入停滞的声音甚嚣尘上，人口红利也从推动中国经济增长的有利因素转变为一些人唱衰中国的依据。实际上，人口因素或者具体地说劳动力作为经济增长的要素，其影响和贡献既不能过分夸大，也不能小看，而应客观辩证看待。

所谓人口红利期，就是人口转变过程中所出现的被抚养人口比例下降、劳动年龄人口比例升高，从而劳动力供给相对丰富的一个时期。改革开放以来，人口红利不断转化为劳动力成本优势，推动我国从一个贫穷落后的国家快速发展成为中等偏上收入国家。然而，与其他国家相比，我国人口红利来得快、去得也急。随着生育率快速下降，人口老龄化加速，劳动年龄人口无论从占比还是从绝对数量看都在下降，人口红利减弱甚至消失已经成为我国经济必须面对的挑战。那么，人口红利消失是否会导致我国经济增长动力丧失从而陷入停滞呢？

先来看一看人口红利给我国经济带来了什么。在人口红利条件下，劳动要素接近于无限供给，劳动力成本较低，资本会获得超额收益，这样以高投资拉动经济增长就成为自然选择。这种模式支撑了我国过去30多年的高速经济增长。而人口红利消失意味着劳动力成为稀缺资源，劳动力成本上升，资本无法像过去那样轻易地获得超额回报，以高投资驱动经济增长的动力减弱，经济减速在所难免。但如果应对得当，人口红利消失后，增长的动力来源反而会变得更加丰富，经济增长的持续性会进一步增强。这是因为，人口红利条件下的经济增长较多地依赖低成本劳动力，经济增长速度虽然快，但非均衡特征突出，持续性较差；而人口红利消失后，经济增长会转变为多要素均衡驱动，可持续性增强。

其实，以上所谈论的人口红利消失更多的是指劳动力数量优势的减弱，而从劳动力质量来看，红利不仅继续存在，而且更大。我国劳动力构成已发生根本性变化，过去主要以初中及以下文化程度为主的劳动力供给结构已经被高中和大学毕业生为主的供给结构所取代。近几年每年新进入市场的劳动力大约 1600 万左右，其中大学毕业生超过 700 万，占比达 44% 左右；高中和中等职业学校毕业生 600 万—700 万，占比达 40% 左右；而初中及以下文化程度的只有不足 300 万，占比不到 20%。如果说过去以初中文化程度为主的劳动力供给带来的是人口数量红利，能更多地推动经济增长"量"的扩张，那么，现在的劳动力供给构成带来的则是人力资本红利，将更多地推动经济增长质量改善和效益提高。目前，我国经济转型升级步伐不断加快，无论从产值还是从就业来看，服务业都已成为最大经济部门。服务业发展需要更多依赖高素质劳动力，而我国劳动力供给结构变化正与经济转型升级的要求相适应。

此外，人口红利消失所带来的要素禀赋条件的变化，还会促进全社会更加公平地分享经济增长的成果。在人口红利条件下，劳动力无限供给使得劳动者工资水平难以提高，国民收入分配更多向资本倾斜。这是长期以来我国国民收入分配格局不尽合理的一个重要原因。人口红利消失，劳动力供求关系发生根本改变，必然推动工资水平提高，从而使得劳动者能够更加公平地分享经济增长的成果。从这个意义上看，人口红利消失后，老百姓从经济增长中获得的收益会进一步增加，经济增长会更多地惠及民生。

作为要素禀赋条件的重要变化，人口红利消失表明支撑过去经济高速增长的基础条件发生了改变。但经济增长适度减速将伴随经济增长质量和效益提高，同时经济增长的可持续性也会进一步增强。

（作者为中国社会科学院人口与劳动经济研究所所长、研究员；《人民日报》2015 年 9 月 16 日）

看到工业下行，更应看到制造能力提升

黄群慧

影响一国经济长期稳定发展的因素有很多，关注视角不同会作出不同判断。当前，我国工业经济下行压力较大。于是，唱空中国制造业甚至认为中国经济会崩溃的论调开始泛起。事实上，如果认真分析我国工业经济下行背后的深层次变化，就会发现"中国经济崩溃论"纯属无稽之谈。

工业经济下行背后是工业化阶段的变化。"十二五"以来，我国工业化进程从中期步入后期。工业化国家的实践表明，这一阶段大都伴随着经济从高速增长转向中高速甚至中速增长的趋势性变化。我国已从农业大国转变为工业大国，有 220 多种工业品产量位居世界第一。随着我国进入工业化后期，这些工业品的需求高峰已过，必然会出现产能过剩问题，一个表现就是PPI（工业生产者出厂价格指数）连续负增长。可见，我国工业增速下滑是工业化进程推进到新阶段的典型特征，有其合理性和必然性。

工业经济下行背后是宏观调控目标的转变。遵循经济发展阶段性变化规律，适应并引导速度趋缓、结构趋优、动力转换的经济发展新常态，我国宏观调控目标逐步从重速度转向优结构、从保增长转向促就业，通过深化改革推进经济增长方式从粗放向集约转变。同时，我国经济结构调整取得积极进展，三次产业结构中服务业占比超过工业，工业中高技术产业增速明显快于传统产业，高耗能产业投资增速放缓，东中西部发展差距缩小。经济结构趋优正是宏观调控的积极效果之一。而且，工业经济并未"失速"、跌破"底线"。今年 7 月中央政治局会议指出，高度重视应对经济下行压力，高度重视防范和化解系统性风险。这意味着宏观调控的目标是在保证不"失速"的前提下增强经济韧性，重视解决产能过剩、中小企业活力不足、企业融资难等突出问题，从而推动经济从粗放的高速增长转向集约的中高速增长。

工业经济下行背后是制造能力的大幅提升。判断一国经济能否长期稳定发展，不能仅仅看短期工业经济增速变化，更要看其制造能力变化。正是基于这一认识，发达国家纷纷实施"再工业化"战略，推出制造业振兴计划。从近些年中国制造能力的变化看，我国经济前景一片光明。2013年，我国制造业产出占世界的比重达到20.8%，连续4年保持世界第一制造大国地位。在联合国工业大类目录中，我国是唯一拥有所有工业门类制造能力的国家。我国制造能力提升不仅体现在产品数量增长上，还体现在质量改善上。"十二五"时期，我国取得探月"嫦娥"、入海"蛟龙"、高速铁路、"天河二号"超算、国产大飞机C919等一批体现高精尖制造业复杂性生产能力突破的重大科技成果。从工业内部结构变化看，我国制造业呈现明显的高加工度趋势，技术密集型产业和战略性新兴产业发展迅速。此外，我国制造业在国际价值链分工中的地位不断攀升，在高技术产品和中低技术产品上与发达国家的差距都呈缩小趋势，一批中国企业开始步入高技术行业领先行列。对于一个制造能力强大且还在不断提升的大国，仅仅由于短时期工业经济下行压力大就判断其制造业面临崩溃，显然十分草率。

还应看到，我国正在实施"中国制造2025"，积极推进"一带一路"建设以及京津冀协同发展、长江经济带等战略，这些战略和举措的推进对我国经济持续稳定发展具有重大的积极意义。因此，我们完全有理由对我国工业经济和制造业的未来充满信心。

（作者单位：中国社会科学院中国特色社会主义理论体系研究中心；《人民日报》2015年12月2日）

破解农村金融难题不能单纯依靠市场

谭燕芝　杨　芸　胡万俊

　　农业现代化是全面建成小康社会、实现社会主义现代化的基础。在这一过程中，金融助力格外重要。但在现实中，发展农村金融是一个世界性难题。一方面，由于缺乏抵押物以及信息不对称，农户往往难以达到金融机构的抵押贷款要求；另一方面，金融机构更愿意将资金投入回报率高的产业和地区。基于这两方面原因，一些人提出的以市场化为方向解决农村金融难题的观点值得商榷。

　　历史发展证明，纯粹的市场逻辑并不能有效解决农村金融难题。上世纪 90 年代，在我国银行的商业化改革中，各大银行在利润驱动下撤点离乡、向城镇收缩，加剧了农民贷款难问题。2006 年以后，在新一轮以农村信用社为主体的改革中，大量农村信用社在市场化导向下改制为农村商业银行或农村合作银行。这一改革虽然在短时间内大幅提升了农村贷款、涉农贷款量，但这种高增长难以为继。2009 年后农村贷款增长率明显下降，截至 2015 年 9 月末增长率仅为 11.4%，低于同期我国金融机构各项贷款 15.4% 的增长率。市场化改革是为了使农村金融更好地支持"三农"，但纯粹的市场逻辑却使农村金融机构无法有效服务"三农"，甚至成为农村地区的资金"抽水机"，造成资金持续外流。有鉴于此，我们应以市场化为导向、以政策扶持为支撑，健全激励约束机制，有效破解农村金融难题。

　　自下而上建设农村信用体系。当前，建设全国性信用体系尚需时日，各地因信息不对称造成的资源配置扭曲问题亟待解决。结合我国农村金融现状，自下而上建设信用体系更为现实、快捷并能节省成本。原因在于：一是地方政府及金融机构在优质信用环境的激励作用下，愿意主导区域信用环境建设；二是地方机构掌握的信息更全面，在信用体系建设中能充分考虑本地优势与特色，评级手段更灵活、评级结果更客观，甚至能激发金融创新；三是随着各地信用环境的完善，对各地信用数据库进行整合和标准化，并在此基础上建立全国性信用体系，能极大节省经济成本与时间成本。应鼓励和倡导各地推进信用环境建设，让越来越多的信用村取代金融机构"空白村"。

健全有利于金融下乡的配套政策。实践证明，缺乏政府的配套措施，金融难以下乡。完善农村金融市场基础设施和有利于金融下乡的配套政策，政府应在法制建设、金融监管等方面发挥作用，在信用环境建设等重要环节承担起提供公共产品的职责。应努力净化金融生态环境，加强与农村金融机构的合作，降低金融机构运营成本，吸引更多金融机构投身农村金融市场；合理推行财税优惠政策，推动农村、农业保险事业发展，降低金融支农的成本和不稳定性。同时，金融机构也应大力支持优势企业，配合政府发展规划，在保证独立性的前提下，通过政银合作实现双赢。

引导金融机构树立服务"三农"的理念。金融机构在进入农村金融市场之前，应全面考虑自身目标与农村金融市场特点，避免盲目进入；进入后应立足长远，将自身发展与农村金融市场发展紧密联系在一起。政府在对进入农村金融市场的机构进行补贴的同时，应引导其坚定服务"三农"理念，在可能的情况下还应进行一定的筛选，避免部分金融机构撤点离乡对农村金融市场造成负面影响。

（作者单位：湘潭大学；

《人民日报》2016 年 6 月 20 日）

发展服务业不等于产业空心化

刘志彪

上世纪末本世纪初，一些发达国家过度侧重金融和房地产业发展，出现了产业空心化问题，主要表现为服务业脱离制造业发展的基础，离开服务实体经济和民众生活的根本点，进入了自我扩张和自我循环的非良性发展轨道，导致经济结构严重失衡和金融危机。2015年，我国经济结构调整取得突破性进展，服务业占据经济总量的半壁江山，达到50.5%，成为我国第一大产业。到2020年，现代服务业作为驱动经济增长的新动能产业之一，还将继续发展。加之沿海发达地区某些传统产业因要素成本上升而外迁，有人担心我国会不会也出现产业空心化问题？实际上，只要我国服务业发展以制造业为坚实支撑，就不会出现产业空心化问题。

产业空心化是指一些国家在服务业发展过程中，以制造业为中心的物质生产和资本大量、迅速地转移到国外，物质生产在国民经济中的地位明显下降，造成国内物质生产部门与非物质生产部门之间严重失衡的状况。发展服务业要注意避免产业空心化，这一提示是必要的；但认为中国经济增长中现代服务业快速发展就一定会导致产业空心化，这种看法是不对的，也是相当危险的。在实际工作中持这种看法，就会使中国经济失去快速发展现代服务业的重要窗口期。应当认识到，形成以服务业为主的产业结构，并不意味着制造业地位的衰落，也不代表"去工业化"，更不等于开启了产业空心化进程。

服务业为主的产业结构，是受经济发展的内在逻辑驱使的自组织现象，是人均收入水平、需求结构提升后出现的必然结果。同时，制造业的技术进步和生产率的不断提高，是服务业门类扩大、规模增长和效率提升的决定性因素。这主要体现在：制造业发展是现代服务部门实现技术进步和提升服务品质的基础，是释放出大量生产要素并使之加速流向现代服务业部门的前提，是扩大国民收入规模从而为服务业提供需求的支撑条件。以生产力发展和技术进步为基础，制造业和服务业的关系是彼此促进、良性循环的。而产业空心化的实质，是部门间的合理比例关系被破坏，导致供求不平衡，进而表现为国内需求日益依赖国外进口，贸易和投资逆差加剧。

服务业为主的产业结构，实质是产业结构的"软化"，是其内在关联作用的增强，是制造业地位提升而非降低，不能把它等同于产业空心化。产业结构软化意味着人力资本、技术资本和知识资本通过服务业这个中介源源不断地进入现代商品生产，成为驱动物质生产部门发展的决定性因素。另外，现代服务业与其他产业深度融合主要表现在：制造业流程设计本身也可看作生产性服务业，现代农业里有农业科技服务，服务业通过信息、互联网技术等深度融合到物质生产之中。

向其他地区以及国外转移一般性制造业，发展更具生产率优势的高技术产业和现代服务业，是市场和竞争机制发挥作用的结果，代表着产业集聚的趋势以及产业的知识技术密集化。发达国家在产业升级中，往往把价值链的高端环节留在本国，而把缺乏比较优势的制造环节外包出去。这种建立在控制产业链关键环节和协调功能基础上的制造业转移，并不是产业空心化，而是提升制造业发展质量和效益的重要途径。

在推动产业迈向中高端水平的过程中，从供给侧调整产业结构，努力实现生产性服务业专业化发展、生活性服务业精细化发展，将其作为促进转型升级的动力，是在为制造业发展提供"坚实的翅膀"和"聪明的脑袋"，为人民生活幸福提供更有力的保障。必须指出，在加快发展服务业的过程中，制造业绝不能空心化，这是一条底线。中国巨大的人口规模，决定了衣食住行不能都靠进口解决。所以，农业要保持一定比重，并要加快实现制造强国的目标。当前，要坚决控制社会资本"脱实向虚、以钱炒钱"现象，防止金融和房地产等容易被作为资产增值手段炒作的行业过度自我循环与膨胀，防止其毁坏实体经济发展的基础。

（作者为南京大学教授、教育部长江学者特聘教授；

《人民日报》2016 年 7 月 24 日）

着力化解体制性产能过剩

魏敬周　　刘维忠

告别短缺经济以后，产能过剩逐渐成为我国经济发展中的一个顽症。产能过剩是市场经济国家一种带有普遍性的现象，但我国的产能过剩并非完全是市场调节自发性、盲目性、滞后性的结果，还有深刻的体制性原因。

地方政府的投资冲动加剧了重复建设和产能过剩。一些地方政府为了增加财政收入，极力招商引资、扩大税源，在缺乏科学论证的情况下，以低廉的地价、优惠的信贷政策甚至以牺牲生态环境为代价招商引资，搞了大量重复建设。同时，为了实现任期内地区生产总值高速增长，一些地方的决策者无视市场的真实需求和产业发展的潜在风险，在短期内上马大量项目，最终形成产能过剩。

不合理的市场进入和退出壁垒加剧了产能过剩。一方面，一些行业存在行政性垄断，民营资本难以进入，导致大量民营资本只能流入钢铁、汽车、水泥等行业，过度的投资和有限的需求必然造成这些行业产能过剩。另一方面，产能过剩行业的企业退出市场必然带来失业人员增多、银行贷款呆坏账增加、地区生产总值短期下滑等问题，地方政府缺乏协助企业退出市场的积极性，导致僵尸企业大量存在。

收入分配制度不完善导致消费能力不足。过去一个时期，国民收入初次分配中劳动报酬偏低，造成居民收入偏低、消费能力不足；社会保障投入不足，公共服务发展滞后，居民不得不增加储蓄以备养老、医疗支出；再分配调节力度不足，居民收入差距较大，制约了居民整体消费扩大。近年来，随着收入分配制度改革不断深化、社会事业加快发展，居民消费能力明显提高，但仍低于与我国发展程度相近国家的平均水平。消费能力不足的另一面就是积累和投资过多，这必然加剧供需失衡、产能过剩。

可见，化解产能过剩，需要在加强和改善宏观调控的同时深化经济体制改革，健全市场决定资源配置的体制机制，增强经济增长和结构调整的内生动力。

改革财税体制，完善地方政府政绩考核体系。科学的财税体制是优化资源配置、促进社会公平、实现国家长治久安的制度保障。应进一步深化财税体制改革，合理分配中央和地方的税收收入，通过增加地方税种、税源以及完善财政转移支付制度，保证地方的财权和事权相匹配。同时，完善地方政府政绩考核体系，将公共服务水平、生态文明建设绩效等纳入考核指标体系，破除以地区生产总值论英雄的不合理做法。通过这些举措，降低地方政府的投资冲动，促使其提高经济决策科学化水平，遏制地区恶性竞争和重复建设。

处理好政府与市场的关系，深化垄断性行业改革。尊重市场经济规律，减少行政干预，加快推进垄断性行业改革，放开自然垄断行业竞争性业务，引入民营资本，从而既增加民营资本投资机会，又增加有效供给。对于产能已经过剩的领域，通过提高质量技术标准、环保标准等措施，倒逼过剩产能退出市场。政府应做好兜底工作，引导资金和下岗失业人员流向亟待发展的领域，促进资源优化配置。

着力保障和改善民生，增强消费引导投资、拉动增长的作用。改革和完善收入分配制度，提高劳动报酬所得，使广大居民共享改革发展成果，提高居民消费能力。继续完善养老、医疗、失业等社会保障制度，消除居民消费的后顾之忧。发挥再分配调节作用，缩小居民收入差距，扩大中等收入群体，增强消费引导投资、拉动增长的作用。

（作者单位：新疆农业大学；

《人民日报》2016 年 10 月 17 日）

处置僵尸企业有利于经济行稳致远

辛仁周

妥善处置僵尸企业是推进供给侧结构性改革的重要举措。在国际经济环境严峻复杂和国内经济下行压力加大的情况下，处置僵尸企业是否会增大经济下行压力，甚至影响经济增长预期目标的实现？能否正确认识和把握这个问题，事关能否积极有效做好僵尸企业处置工作，事关我国经济能否行稳致远。应当看到，僵尸企业已经成为我国经济运行中不得不割除的"肿瘤"；处置僵尸企业短期或许会影响一些地方的经济增速和财政收入，但从中长期看，至少将在以下两个方面促进经济稳定增长。

处置僵尸企业能够有效解决一些行业产能严重过剩和产业集中度低的问题，提高供给体系的质量和效率，促进经济长期稳定增长。产能过剩特别是钢铁、水泥、电解铝等传统制造业和煤炭行业产能严重过剩，是我国经济发展和结构调整中面临的突出问题。其中，僵尸企业的存在不仅是造成当前产能严重过剩的重要原因，还威胁着未来市场供求关系的改善。僵尸企业大都生产经营不规范，技术落后、产品质量低、污染排放高，加剧了产业组织结构"小、散、乱"问题，导致我国不少行业产业集中度低，长期不能形成优势企业主导的发展格局。如果不妥善处置僵尸企业，即使未来市场供求关系出现转变，它们还是会继续提供品质低、污染重的产品，甚至会将行业再拉回到产能过剩和发展低迷的状态。因此，处置僵尸企业是化解产能过剩的"牛鼻子"。只有牵住这个"牛鼻子"，才能减少无效供给，扩大有效和中高端供给，化解产能过剩矛盾，改善市场供求关系，促进企业生产经营和行业状况明显好转，从而保持我国经济长期向好的势头。

处置僵尸企业有利于减轻我国经济发展的沉重负担，促进经济持续健康发展。僵尸企业大都已经停产半停产，连年亏损、资不抵债，靠政府补贴和银行续贷存在。这些企业白白占用了国家财政资金和银行信贷资金，浪费了土地、矿产、能源等资源，降低了全社会资源配置效率，还导致职工隐性失业和收入大幅度下降。僵尸企业已经成为我国经济发展的沉重负担，是国民经济的负资产。妥善处置僵尸企业，就是要卸掉我国经济发展的这个大"包袱"，将以往投入僵尸企业的财政资金、银行贷款和相关资源用于改善民生、支持科技创新和产品创新、支持新兴产业和效率更高企业的发展，推动新技术、新产业、新业态加快成长，提高全要素生产率，为经济发展提供新的动力支持。

妥善处置僵尸企业，需要充分发挥中央和地方两个积极性，注重分类有序，做到因地施策、因业施策、因企施策。当前要以钢铁、煤炭两个行业为重点，用好中央财政专项奖补资金，地方各级财政也要予以支持，切实把职工再就业和生活保障问题解决好。对工艺技术落后、长期停产和亏损、扭亏无望、资不抵债的僵尸企业，应坚决依法实施破产清算。对其他类型的僵尸企业，应尽可能引导企业多兼并重组、少破产清算，但不能不顾条件搞"债转股"，不能搞"拉郎配"式重组，而应根据实际情况区别对待、灵活施策。

妥善处置僵尸企业，需要综合运用市场机制、经济手段和法律手段。具体包括：各级财政对僵尸企业停止补贴，银行停止贷款；加强环保、能耗、安全、质量等执法和税收征收执法，依法实施市场化破产，把市场压力传导给企业；进一步深化国有企业改革，发展混合所有制经济，解决部分国有企业机制僵化和效率低下问题；等等。可见，处置僵尸企业是深化改革、发挥市场在资源配置中决定性作用和更好发挥政府作用的过程，是促进企业转型升级和实现绿色发展的过程，是营造公平竞争市场环境和健全法制的过程，必将有力推动经济保持中高速增长、产业迈向中高端水平。

（作者单位：工业和信息化部产业政策司；

《人民日报》2016 年 11 月 2 日）

把握好金融与实体经济的关系

崔惠民　马　涛

金融服务实体经济是经济发展新常态下做好金融工作的重要命题。当前，对金融与实体经济的关系存在一种认识误区，即把金融作为实体经济的附属，片面强调金融要为实体经济发展提供资金支持。这种认识不利于提高金融服务实体经济的效率，不利于走活金融服务实体经济这盘棋。新形势下，只有把握好金融与实体经济的关系，才能做好金融工作，促进金融与实体经济协调发展。

金融不是实体经济的附属，而是同实体经济共生共荣。金融是现代经济的核心。强调金融服务实体经济，并不意味着金融是实体经济的附属。金融与实体经济是利益共同体，一荣俱荣、一损俱损。实体经济是金融发展的根基，脱离实体经济的支撑，金融就会成为无源之水、无本之木；金融则是实体经济的血脉，没有金融"血液"的滋养，实体经济就会死气沉沉、了无生机。只有金融与实体经济相辅相成、互促共进，国民经济才能持续健康发展。在经济发展新常态下，创新是引领发展的第一动力。金融服务实体经济的关键在于发挥金融对实体经济创新的支持作用，培育新的经济增长点。对于创新性经济活动，金融体系的作用不仅仅在于提高其资金可得性，而且包括创造一个有效率的"试验场"，在风险可控的条件下发挥金融筛选创新的功能，并为创新成果的转化和扩散提供支持。

金融对实体经济的支持是多维度的，不应将眼光局限于融资服务。金融最基本、最原初的功能就是提供资金融通服务，但这并不是金融服务的全部内容。实体经济要有效运转，除了需要资金周转，还需要便利的交易方式、有效的风险管理手段、准确的资金成本信号以及健全的公司治理机制等。在这些方面，金融都可以提供有力支持。正是基于实体经济的这些需求，金融形成了四大基本功能：融资中介，支付清算，信息咨询，风险管理。金融为实体经济而生，金融的功能也是围绕实体经济的有效运行而不断衍生的，金融发展的过程就是不断改进和提升服务实体经济能力的过程。当前，随着金融市场的发展，金融服务的功能不断拓展，服务的重心也在发生变化。如果片面强调金融提供资金的功能而忽视其他功能，就容易将金融服务实体经济简单化为满足企业的资金需求。如果仅仅将金融服务的视野局限于资金支持，就既不利于全面评价金融服务的效率，也不利于金融本身的创新发展。

同实体经济发展的需求相比，我国金融创新还不够。与发达国家金融创新过度不同，我国现阶段仍然存在金融创新不足问题，还不能充分满足实体经济发展的需求。金融创新必须以有效防范风险为前提，不能为了创新而创新，甚至带来一系列风险，但也不能为了防风险而禁锢金融创新的步伐。导致 2008 年国际金融危机的一个根本原因，是一些发达国家金融业主要依靠自我服务、内部循环实现创新尤其是金融衍生品创新，造成虚拟经济脱离实体经济过度膨胀，最终无法维持。有鉴于此，我国应注意限制复杂、衍生、自娱自乐式金融创新，让金融创新回归服务实体经济的本位，围绕满足实体经济发展需求提供更多更好的金融产品和服务，使金融和实体经济在推动经济社会发展中实现互促共进、共生共荣。

（作者单位：安徽财经大学，中央政策研究室；

《人民日报》2016 年 11 月 4 日）

供给侧结构性改革的理论特色

陈宗胜

推进供给侧结构性改革是适应和引领经济发展新常态的重大创新，是当前和今后一个时期我国经济工作的主线。它与西方供给学派在基本内容、产生背景、所针对的问题及采取的对策方面都有本质不同。这些区别也构成了供给侧结构性改革的理论特色。

理论内容：从生产领域加强优质供给

西方供给学派的理论内容主要有两点：一是信奉萨伊定律，即相信供给自动创造需求，主张刺激供给侧以实现充分就业、消除通货膨胀、达到经济均衡；二是批判凯恩斯主义，否定需求自动创造供给的假设，主张市场自动调节，反对政府干预。我国供给侧结构性改革的主要内容则是在适度扩大总需求的同时，推进"三去一降一补"五大任务，从生产领域加强优质供给，减少无效供给，扩大有效供给，提高供给结构的适应性和灵活性，提高全要素生产率，使供给体系更好适应需求结构变化，从而提高社会生产力水平。

产生背景：发展中国家转型发展

西方供给学派产生于发达国家的经济发达阶段，决定经济规模边界的主要变量都已经达到最大。我国供给侧结构性改革理论产生于发展中国家的转型发展阶段，决定经济规模边界的变量大都处于发展之中，是在经济规模还在不断扩张的背景下讨论侧重供给侧还是侧重需求侧管理问题。具体来说，经济背景主要有以下不同。一是人口增长态势不同。人口规模是决定经济增长边界的重要因素。我国人口规模还未达到顶峰，仍然拥有人力资源优势。而大多数发达国家人口规模早已越过峰值，进入人口零增长或负增长阶段，人口和劳动力构成了对经济增长的制约因素。二是基础设施完善程度不同。如果一个经济体的基础设施已基本完善，则此经济体的经济增长潜力很可能接近枯竭。近30多年来，我国基础设施有很大改进，但与发达国家相比还有差距，仍具有较大发展潜力。三是城镇化程度不同。城镇化率从人口区域结构变动角度决定经济规模边界，其制约作用是综合性的。我国城镇化还远未完成，2015年我国城镇化率是56.1%，但按户籍人口计算只有约40%，这一水平远低于发达国家城镇化水平。城镇化仍是支撑我国经济持续增长的重要动力。所以，西方供给学派完全不适用于我国国情，中国的经济实践只能由中国的经济理论来指导。

解决的主要问题：使我国供给能力更好满足广大人民群众的需求

西方供给学派产生时面对的主要是发达国家普遍出现的"滞胀"难题，即通货膨胀与经济增长停滞同时发生、失业率高企。凯恩斯主义等需求调控理论对此束手无策，从而催生了西方供给学派。我国供给侧结构性改革面对的问题与之迥然不同，要解决的主要问题是扩大有效供给，使我国供给能力更好满足广大人民群众的物质文化需求，具体来说包括以下方面。

一是我国经济与发达经济的增加值质量和财富含量不同。同样新增1亿美元的GDP（国内生产总值），发达经济增加值中的技术含量和产品质量都比我国经济要更高些。二是我国经济与发达经济在新产品的配套水平方面有差别。一些新生产产品因配套不全而无法实现实际消费或在生产中难以被使用，增加了库存量。这是我国经济中库存量大大高于发达经济的一个重要原因。三是我国重型经济结构与发达国家轻型经济结构不同。我国经济相对而言还是属于重型、汙水型、资源消耗型。2016年前三季度，我国服务业对经济增长的贡献率为58.5%，而发达经济体通常达到70%以上。四是我国人均国民总收入水平和供给产品的丰富程度与发达国家相比还有差距。我国作为后发经济体，目前还处于中等偏上收入阶段，而且供给产品的品种、款式、功能等丰富程度较低，消费者的选择性较小。因此我国供给侧结构性改革以扩大有效供给为目标，通过一系列政策举措，特别是推动科技创新、发展实体经济、保障和改善人民生活的政策措施，解决我国经济供给侧存在的问题。这从根本上不同于植根于富裕经济基础之上以消除"滞胀"为目标的西方供给学派。更何况，西方供给学派并没能从根本上解决西方国家的"滞胀"问题。

政策思路：用改革的办法释放要素潜力、推进结构调整

西方供给学派认为"滞胀"的产生主要是政府对需求不当干预的恶果。他们认为，供给自动创造需求，只要市场机制充分发挥作用，产品就不会过剩，失业就不会存在，主张政府通过减税等政策刺激供给，认为减税可以促进增长、增加就业、抑制通货膨胀，实现经济总量均衡。西方供给学派对市场的迷信并不科学，其治理思路和方法着眼于改变调控方式。与此不同，我国供给侧结构性改革建立在正确认识和处理政府与市场关系的基础上，主张用改革的办法推进结构调整，将供给侧的生产要素如土地、劳动、资本、科技等所包含的经济潜力充分释放出来，以提供足够的有效供给。在改革中需要抓住一个基本线索，即投资体制改革，确定投资方向、激发投资主体活力、增加各生产要素的有效投资量。同时，继续推进行政体制、税收体制、金融管理体制改革，加大混合所有制改革力度，加快企业体制、教育科技体制、户籍制度、社会保障体制、土地制度等改革，促进经济平稳增长。

$$* \quad * \quad * \quad * \quad * \quad *$$

供给侧结构性改革的上述理论特色，决定了这一改革的有效性和科学性。随着改革的不断推进，中国经济必将产生持续健康发展的源源不断的内生动力。

（作者为南开大学教授；

《人民日报》2016 年 11 月 21 日）

树立适应社会主义市场经济的财富观念

徐剑锋

日前，中共中央、国务院发布了《关于完善产权保护制度依法保护产权的意见》，对产权保护政策作了系统阐述。这一重要文件在重申公有制经济财产权不可侵犯的同时，强调非公有制经济财产权同样不可侵犯，倡导让平等保护、全面保护、依法保护观念深入人心，在坚持以经济建设为中心、提倡勤劳致富、保护产权、弘扬企业家精神等方面加强舆论引导，推动形成保护产权的良好社会氛围。

有恒产者有恒心。完善产权保护制度是坚持社会主义基本经济制度的必然要求，是推动经济持续健康发展的迫切需要，也是促进社会公平正义的重要举措。产权在本质上是对财富的法律确认，而财富则构成产权的自然实体。因此，营造尊重和保护产权的良好社会氛围，首先要在全社会树立与社会主义市场经济相适应的财富观念，以观念更新引导和带动规则生成。

应当肯定，我国经过30多年的改革开放，人们对财富的认知发生了很大变化。许多新财富观念如贫穷不是社会主义、勤劳致富光荣、先富带动后富等越来越深入人心，并不断转化为人民群众创新创业的精神动力。但是，由于我国传统上对财富有不同于市场经济的伦理观念，加上改革开放以来不同程度地存在分配不公和收入差距扩大等现实问题，一些人对财富仍然存在一些偏见，特别是对企业家群体和先富群体还存在一些负面印象。比如，有人认为"无商不奸"，将商人、企业家追求利益的行为与社会公共利益对立起来，认为利己必然损人、见利必然忘义。在这种义利观支配下，商人、企业家通过正当途径取得的财富往往被一些人视为不义之财。还有人认为"为富不仁"，将财富持有量和道德水准进行负相关关联，即所谓"钱一多人就坏、有钱必然使坏"。如果说"无商不奸"是对财富创造过程道德合法性的否定，那么，"为富不仁"则是对财富拥有者的道德质疑。这类观念在社会伦理层面难以托起创业者充实的成就感，也无助于形成稳定的财富安全感，不利于社会主义市场经济持续健康发展。

在社会主义市场经济条件下，企业家的经营行为主观上固然是在追求个人利益，但客观上也是在满足公众需求。市场经济所赋予的消费者权益可以在一定程度上指引企业家把利己与利他、私利与公益较好地统一起来，因为企业家只有为社会创造价值，才能不断为自己赢得财富。创造财富多的企业家，往往更需要与他人形成协作共赢关系，也为社会提供了更多产品和服务。反过来讲，企业家为社会创造价值越多，市场给予他的回馈就越多，他赢得的财富也就越多，这是一个正向激励机制。改革开放的实践证明，财富增长所带来的不仅是物质生活的丰富，还有精神面貌的改善。虽然在经济社会发展过程中一些人身上出现了各种道德问题，但中国人的整体文明程度有了很大提升。不能因为一些人的不当谋利行为而否定整个企业家群体的财富创造活动，正确的态度和做法是通过完善市场经济规则、提高社会道德水准等方式来防范和打击非法经营、不正当竞争、侵害消费者权益等行为。

我国公有制为主体、多种所有制经济共同发展的基本经济制度不断完善，非公有制经济成为发展社会生产力的重要力量。但目前在产权保护方面仍不同程度存在重公有、轻私有的现象，一些民营企业家对产权保护状况感到担忧，这在一定程度上影响了民间投资的积极性。这种现象与财富观念的偏差有关。推动平等保护产权的法律规则落地，需要消除不正确的财富观念，形成符合社会主义市场经济要求的新的财富伦理，在全社会培育对财富和财富创造过程的尊重，从而增强人们的财富安全感，促进更多财富涌流。

（作者为西南政法大学地方立法研究中心研究员；

《人民日报》2017 年 1 月 26 日）

促进实体经济与虚拟经济协调发展

费洪平

　　近年来，由于虚拟经济投资回报率高、回收快，大量资本流入虚拟领域，社会资本"脱实向虚"和企业"弃实投虚"加剧，造成实体经济存在一定程度的"失血""抽血"问题。据测算，我国工业平均利润率仅为6%左右，而证券、银行业的利润率在30%左右。同时，非金融部门杠杆率也在快速上升。2012年我国非金融部门的杠杆率为106%，2015年超过140%。高杠杆容易引发金融泡沫，导致金融利润率虚高，吞噬实体资本。除金融领域外，房地产市场的投机与泡沫也对实体经济产生了"虹吸效应"，诱导资本大量涌向房地产市场，抬高了实体经济生产成本，挤压了实体经济发展空间。应当认识到，实体经济是虚拟经济发展的根基，虚拟经济是实体经济的"助推器"。只有振兴实体经济，推动二者相辅相成、互促共进，国民经济才能持续健康发展。

　　目前，社会上对虚拟经济有两种模糊认识：一种是过分夸大虚拟经济的重要性，提倡不遗余力地发展虚拟经济；另一种是把虚拟经济等同于投机和"泡沫"，视其为实体经济发展困难的"首恶"，对发展虚拟经济持怀疑甚至反对态度。这两种观点都有片面性。应当看到，实体经济和虚拟经济不是相互对立、相互排斥的，而是相互依存、共生共荣的。一方面，虚拟经济的有序发展对实体经济具有促进作用；没有虚拟经济，实体经济发展就会受到很大影响。另一方面，没有实体经济，虚拟经济便是"空中楼阁"，难以健康发展，甚至会出现因"虚火"过旺而危害整体经济发展的情形。也就是说，虚拟经济不能脱离实体经济而独立存在。振兴实体经济并不意味着排斥虚拟经济，而是要把握好"虚"与"实"的辩证关系，促进实体经济和虚拟经济协调发展，形成"虚""实"良性互动的国民经济运行机制。

当前，造成实体经济发展困难的原因是多方面的，既有长期因素，也有短期因素；既有外部原因，也有内功不足的原因，不能完全归罪于虚拟经济。应坚持"以实为本、虚实并举"的原则，既大力振兴实体经济、为虚拟经济发展提供坚实基础，又按照实体经济的发展需要稳步推进虚拟经济有序发展、充分发挥虚拟经济对实体经济的提升作用。同时，还应加强和完善监管体系与制度建设，防止虚拟经济脱离实体经济过度膨胀而阻碍经济发展。具体来说，可以采取如下措施。

牢牢把握发展实体经济这一坚实基础，实行更加有利于实体经济发展的政策措施。科学制订振兴实体经济的战略规划。加大对实体经济的政策支持力度，提高各项政策的协调性。积极营造规范有序、公平竞争的市场环境，促进各类要素向实体经济聚集，重塑实体经济竞争优势。

加快金融体系改革，充分发挥金融服务实体经济的功能。推进利率、汇率市场化改革，加强货币政策、信贷政策和产业政策的协调配合，以货币政策工具引导金融机构加大对实体经济的支持力度。积极探索金融发展新模式，加快构建多层次、多样化、服务能力更强、适用对象更广的多元化金融服务体系。健全中小企业融资政策法规体系，建立中小企业贷款和信用担保风险补偿机制，使金融更好服务于实体经济。

强化制度约束，防止虚拟经济领域过度投机。加强金融法规与监管体系建设，完善信息披露制度，严格规范金融市场行为，严厉打击投机操纵行为。建立符合国情、适应市场规律的房地产平稳健康发展长效机制，回归住房的居住属性，遏制投机性购房需求。

（作者单位：国家发改委宏观经济研究院；
《人民日报》2017 年 2 月 16 日）

中国经济是一种重要的现代市场经济类型

项凯标　黄　莉

2016 年 12 月，中国加入世界贸易组织满 15 年，世贸组织成员对华反倾销"替代国"的做法应于 12 月 11 日终止。但是，目前仍有少数成员拒绝履行《中国加入世贸组织议定书》第十五条义务，并刻意混淆《议定书》第十五条与其国内法中所谓"市场经济国家"的概念。事实上，世贸组织规则中并没有这样的概念，所谓"市场经济国家"标准是个别成员冷战时期的国内产物，与如期彻底履行世贸组织条约义务没有任何关系。即使非要讲市场经济标准，我国社会主义市场经济也是一种重要的现代市场经济类型，因为它具备了现代市场经济的基本特征。

具备经济自由这个市场经济的前提。保障市场主体追求自身经济权益的自由，是市场交换的基础，是发展市场经济的前提。在经济自由条件下，生产者可以根据市场需求自主生产，自主决定提供商品和服务的种类、数量等，消费者可以自主消费。建立在生产和消费自由基础上的市场经济，可以最大限度地优化资源配置、推动经济发展。我国改革开放 30 多年来，从农村改革到国企改革，从商贸流通改革到投融资改革……自由贸易、自由竞争以及要素自由流动不断发展，相关体制机制逐步建立健全。党的十八大以来，政府职能转变和简政放权改革深入推进，进一步实现和保障了经济自由。但需要指出的是，我国社会主义市场经济下的经济自由，不是完全的自由放任，不能放弃国家宏观调控。事实上，当今世界没有一个国家的政府完全放弃了对社会经济生活的干预，适当干预恰恰是为了更好维护经济秩序和经济自由。我国发展社会主义市场经济，必须坚持从自己的国情出发，既充分发挥市场配置资源的决定性作用，又更好发挥政府作用，全面保障经济自由。

　　具备产权保护这个市场经济的基石。归属清晰、权责明确、保护严格、流转顺畅的产权制度，是市场经济的基石。我国从上世纪 70 年代末、80 年代初在农村实行家庭联产承包责任制开始，到 80 年代中后期放开民营经济和 90 年代推进国有企业公司制改革，逐步建立起公有制为主体、多种所有制经济共同发展的产权制度。与此同时，各种所有制经济的产权得到越来越有力的保障。2003 年党的十六届三中全会提出"要依法保护各类产权""保障所有市场主体的平等法律地位和发展权利"，2004 年将"公民的合法的私有财产不受侵犯"写入宪法，2007 年出台物权法，产权保护制度逐步形成。2016 年 11 月，中共中央、国务院出台了《关于完善产权保护制度依法保护产权的意见》，强调要坚持对不同所有制经济实行平等保护，公有制经济财产权不可侵犯，非公有制经济财产权同样不可侵犯；坚持全面保护；坚持依法保护；等等。可以说，改革开放以来，中国人民发展经济的积极性、主动性、创造性得以充分调动，市场主体活力和社会创造力得以不断释放，一个重要基础就是产权保护制度不断完善。

　　具备企业家精神这个市场经济的灵魂。习近平同志指出，市场活力来自于人，特别是来自于企业家，来自于企业家精神。可以说，企业家是市场经济的核心要素，企业家精神是市场经济的灵魂。从一定意义上说，经济发展就是企业家不断创新的过程。改革开放以来，企业家精神在我国社会不断增强，这突出表现为一大批中国企业快速发展成为世界级企业。2016 年发布的世界 500 强企业榜单中，我国企业有 110 家，居世界第二位。在当前"互联网＋"时代，在"大众创业、万众创新"的浓厚氛围下，我国经济新业态、新模式不断涌现，在全球十大互联网公司中有 4 家是中国企业。当然，同我国经济转型升级的迫切要求相比，同增强我国经济国际竞争力的紧迫任务相比，我国企业家还不够多，企业家精神还需要不断增强。我国跃升为世界第二大经济体，离不开千千万万个企业的支撑；我国发展成为世界经济强国，需要继续培育和弘扬企业家精神。

（作者单位：贵州大学管理学院、经济学院；

《人民日报》2017 年 3 月 16 日）

科学认识和积极培育共享经济

苏跃辉　孙文娜

共享经济，又称分享经济，是指依托互联网、物联网等信息技术手段，整合分散的商品或服务，实现闲置资源在供需方之间的优化配置和合理流转，继而实现资源共享、物尽其用。在我国，共享经济已经存在于交通、住房、餐饮等多个领域，其对经济社会发展的作用越来越受到人们的重视。今年的《政府工作报告》指出："支持和引导分享经济发展，提高社会资源利用效率，便利人民群众生活。"共享经济正在成为我国经济发展的一种新趋势、新动力。

作为一种新兴经济模式，共享经济还处于发展初期。促进共享经济健康发展，需要科学认识相关概念。第一，私有不等于独享。强调私有一般是基于资源的有限性，为了避免不必要的纷争、提高资源利用效率，需要明确私有关系并由法律予以保护。然而，私有并不意味着独享，私有更多强调的是所有权中的占有权、处分权、收益权，而使用权则是可以转移的。第二，共享也不等于共有。共享的是使用权，并不意味着所有权的转移，共享的实质是"使用而非拥有"。在实践中，共享经济一般采用的是产品免费（不转让所有权）、服务收费（使用付费）的模式。现代社会，人们越来越重视法治框架内的"资源他用"，越来越支持尊重产权前提下的"资源共享"。可见，私有与公有是按所有制标准进行的一种产权划分，而独享与共享则是着眼于资源利用而作出的分类。科学认识共享经济"分享、互利"的价值内涵和"使用而非拥有"的法律属性，有助于增进人们对共享的认同，采取有效措施培育和发展共享经济。

构建适宜的监管机制。对于新兴经济模式，一般在发展初期不宜采取过严的监管措施，避免因干预过早、措施不当而抑制其发展。对于共享经济而言，目前应努力营造开放、包容的市场环境——建立容错机制和激励机制，引导支持新业态、新模式先行先试，并通过"创新券""服务券"等措施降低中小企业建立共享经济平台的门槛，进而通过试点反馈完善共享经济的监管机制。另外，在发展初期还可以鼓励支持行业协会加强自律管理。由共享经济所在的行业自律组织建立行业准入机制，负责清理行业中的部分问题，并积极与监管部门进行沟通协调。

加强用户信息安全保障。共享经济发展必然需要大量用户参与，共享平台能够据此获得用户的诸多信息，包括身份信息、消费信息以及生活习惯等。一旦信息出现泄露，就会严重影响用户对共享平台的参与热情。因此，共享平台应加大投入，构建用户信息安全保障系统，提高共享平台信息系统安全防范能力，并对关键信息、敏感信息进行加密储存；强化内部管理，建立完善分级操作系统，依法与相关工作人员签订保密协议，并开展信息安全培训与指导，强化信息保护意识。还可以由第三方机构对共享平台进行安全检测和安全认证，并将有关检测和认证结果向社会公开。

推进共享信任文化建设。共享经济模式分离了资源的所有权和使用权，其实质是分享与合作，所以对用户之间的共享信任要求较高，甚至可以说共享信任文化是共享经济发展的前提和基础。因此，培育和发展共享经济，需要采取有效措施推进共享信任文化建设。这就需要建立和完善国家信用体系。同时，可以由专门的信用服务公司，在现有法律法规框架下构建用户和共享平台信用评价系统，专门记录用户和共享平台互评的数据，进而将数据信息转化为用户和共享平台的信用指数，助力共享信任文化建设。

（作者单位：河北金融学院、河北省科技金融协同创新中心；
《人民日报》2017 年 4 月 24 日）

经济增长和能源消费正逐渐脱钩

　　能源是必不可少的生产要素之一，能源消费的增长速度常常被作为判断经济形势的一个重要指标。但是，随着科技进步和能源效率提升，产业结构和能源结构不断发生变化，导致经济增长和能源消费逐渐脱钩。比如，2015年我国能源消费量负增长，全社会用电量同比仅增长0.5%，但全年经济增速达到6.9%。2016年全社会用电量同比增长5.0%，但经济增速为6.7%。经济增长和能源消费的波动幅度存在明显差异，这让一些人感到困惑。其实，这一现象恰恰说明，在经济发展新常态下，经济增长与能源消费已不存在明显相关关系，我们不能简单地把能源消费增速作为经济增长的参照系。

　　近年来，推进节能减排、实现绿色增长已成为全球共识，一些国家不同程度地出现了经济增长与能源消费脱钩的趋势，二者的耦合关系大大减弱，以能源消费弹性系数预测经济增速的方法已不适应这些国家的经济发展趋势。经济增长与能源消费脱钩，有强脱钩和弱脱钩之分。强脱钩是指在能源消费增速低于经济增速的同时，能源消费量也有所下降；弱脱钩则是指能源消费增长减缓，但能源消费总量仍在上升。此外，还有衰退性脱钩，即能源负增长伴随着经济负增长。根据世界银行的数据，若以10年平均数据来看，美国、英国、日本等发达国家在2000年以前实现了弱脱钩，2000年以来出现了强脱钩的趋势。但从年度数据看，在强脱钩的大趋势下，这些国家个别年份也曾出现过弱脱钩和衰退性脱钩。以美国为例，2008年出现衰退性脱钩，经济增速和能源消费同时有所下降；2012年经济增速由1.6%上升到2.3%，而能源消费量增速降到−2.7%；2013年经济增速又降到2.2%，但能源消费量不降反升。上述数据表明，就年度数据来看，发达国家能源消费与经济增长之间并没有稳定的关系。

近年来，我国经济增长与能源消费实现了弱脱钩。与发达国家相同发展阶段相比，我国脱钩时间比较超前，在工业化中期阶段能源消费增速就低于经济增速了。"十一五"和"十二五"期间，我国采取多种节能减排措施，能源消费增速明显放缓。随着我国产业结构的调整和经济增长动力的转换，"十二五"后半期能源需求下降的幅度较大。经济增长与能源消费脱钩，意味着能源对经济增长的贡献率逐步下降。我国经济增长与能源消费虽然尚未实现强脱钩，但经济增长的要素贡献已有明显的结构性变化，技术进步的贡献率在不断上升，低能耗的服务业在国内生产总值中的比重也在不断上升。正因为经济增长与能源消费实现了弱脱钩，因而我国有能力承诺温室气体排放量在 2030 年之前甚至更早达到峰值，为全球降低气候风险作出贡献。

当前，发达国家技术进步对经济增长的贡献率已达到 70% 以上。相比之下，我国技术进步对经济增长的贡献率还有较大的提升空间。我国能源消费基数大、能源效率较低。按照世界平均能源效率计算，我国以目前能源消费量可以创造比现在多 1 倍的 GDP；以美国的能源效率计算，可以创造相当于现在 3 倍多的 GDP；以日本、英国的能源效率计算，则可以创造相当于现在 6 至 8 倍的 GDP。可见，我国只要持续提高能源效率，不增加能源投入也可以支撑经济发展。随着技术进步和经济增长动力的转换，我国以较低的能源消费增速实现中高速的经济增长是完全正常的，没有什么可怀疑的。

（作者单位：中国社会科学院中国特色社会主义理论体系研究中心；《人民日报》2017 年 7 月 3 日）

特色小镇建设须走出新路

曾志敏

　　建设特色小镇是推进城乡发展一体化的重要突破口。习近平同志就建设特色小镇作出重要批示，强调特色小镇建设对经济转型升级、新型城镇化建设都具有重要意义。位于城乡接合部的特色小镇的发展，能够带动周边农村基础设施建设和公共服务发展，有利于吸纳农村劳动力就业，促进一、二、三产业融合发展，推动城市文明迅速向农村扩展，实现城乡协调发展。然而，有的地方打着建设特色小镇的旗号，继续走跑马圈地、搞房地产开发、搞产业园区建设的老路。这种"穿新鞋走老路"的做法，与特色小镇建设的初衷相悖，不仅不利于推动经济结构优化和发展动能转换，反而可能加剧产能过剩和要素配置扭曲。

　　特色小镇是聚集特色产业，融合文化、旅游、社区等功能的创新创业发展平台。建设特色小镇不是要设立新的行政建制镇，而是要根据区域要素禀赋和比较优势发展特色产业。在发展特色产业的同时，特色小镇应坚持以人为本的新型城镇化，统筹生产、生活和生态空间布局，完善城镇功能、优化城镇环境、提升城镇品质。从这个意义上说，特色小镇建设是推进供给侧结构性改革的重要载体，是结构调整、产业升级与新型城镇化建设的有机结合。我们应以新发展理念为引领，充分发挥政府在产业发展、空间布局、资源配置等方面的引导作用，推动资源要素的整合集成与优化重组，走出一条特色鲜明、产城融合、惠及群众的新型小城镇发展之路。

　　在产业发展方面，做优存量与做大增量并重，推进产业结构调整和转型升级。特色小镇在打造产业创新高地时，不能一味求时尚、求新颖、求高端，而应尊重本地实际，发展最有基础、最有特色、最具潜力的主导特色产业。可以根据区域资本、劳动力、自然资源等要素禀赋情况，加大创新力度，推动传统产业优化升级，从价值链"微笑曲线"的低端向两个高端跃升；或者聚焦前沿技术、新兴业态、先进制造，发展战略性新兴产业；等等。

在空间布局方面，围绕打造特色产业，坚持规划先行、多规合一。规划是指导特色小镇发展的蓝图和优化资源配置的重要工具，必须具有全局性、综合性、战略性和前瞻性。特色小镇规划不是单一的城镇规划或园区规划，而是各种要素高度关联的综合性规划。因此，应坚持规划先行、多规合一，统筹考虑人口分布、产业布局、国土空间利用、生态环境保护以及公共服务配套，推动产业、文化、旅游和社区等功能性要素的融合，促进产业链、创新链、人才链协调配套、有机衔接。

在资源配置方面，政府发挥引导作用，企业发挥主体作用，激发市场活力。特色小镇建设必须尊重市场规律，使市场在资源配置中起决定性作用，充分发挥企业的积极性。政府应在搭建平台、提供服务等方面更好发挥作用，引入政府和社会资本合作（PPP）等方式进行基础设施和公共服务平台建设。创新投融资方式，探索产业基金、股权众筹等融资途径，扶持企业形成自我发展能力。加强制度建设，形成以质量为导向的竞争机制，通过实施"期权激励制""绩效追惩制"等激励约束机制，激发企业在创新创业、绿色发展等方面的热情和动力。

（作者单位：华南理工大学公共政策研究院；
《人民日报》2017 年 7 月 6 日）

有序推进资本项目开放

詹　越

资本项目开放是促进资本跨境流动、提高资金使用效率的有效措施，也是人民币国际化的重要内容。近年来，我国资本项目开放取得了较大进展，特别是今年7月初内地与香港债券市场互联互通合作正式上线试运行，揭开了内地资本市场对外开放的新篇章。有人就此认为，应加速资本项目开放步伐，在短期内实现人民币资本项目的完全可自由兑换。这一观点有失偏颇。应当看到，资本项目开放的根本目的是服务实体经济、服务经济社会发展，因此必须守住不发生系统性金融风险的底线。无论从当前国际经济环境还是从各国发展历史经验来看，我国都应坚持有序推进资本项目开放。

资本项目开放必须确保经济稳定发展。国际经验表明，在一些已完全放开资本项目的国家出现了短期资本不受约束地频繁流动的状况，给经济稳定带来较大冲击。原因主要有两点：一是随着经济全球化深入发展，发达国家以本国利益为中心的货币政策外溢性不断增强，对其他开放资本项目国家的汇率稳定和货币政策独立性产生较大冲击。二是信息技术的进步拓宽了资本流动的渠道，放大了资本流动的规模和波动性。对资本项目的有效管理是缓冲国际经济波动的"减震器"，能够降低资本流动对本国实体经济的冲击。一些经济学者研究发现，存在有效资本管制的国家在国际金融危机中受到的冲击最小。因此，曾经以促进资本市场开放为己任的国际货币基金组织近年来也表示，资本项目开放是一项长期任务，并非不问时间和国别一概适用，对资本流入进行管理、在危机之前和危机之中对资本流出进行管理无可厚非。

资本项目开放必须确保不发生系统性金融风险。习近平同志在全国金融工作会议上强调，要防控金融风险、深化金融改革，促进经济和金融良性循环、健康发展。资本项目开放是我国金融改革与发展的重要内容之一。因此，在推动资本项目开放的同时，必须对开放进程中的风险进行有效控制。当前，我国金融运行总体平稳，风险总体可控。但也要看到，金融领域风险点多面广，隐蔽性、突发性、传染性、危害性强。在经济全球化深入发展、发达国家货币政策外溢性加大的背景下，我国必须把主动防范系统性金融风险放在更加重要的位置。因此，资本项目开放不宜冒进，不能急于求成，而应稳步有序实现资本项目可兑换。

资本项目开放应与其他改革措施相互配套、协调推进。一些拉美国家在相关经济改革措施滞后的情况下，单兵突进推动资本项目开放，付出了巨大代价。当前，我国经济发展已经进入了提质增效的新阶段，以"三去一降一补"为主要内容的供给侧结构性改革正在深入推进，多层次资本市场建设、利率和汇率市场化改革也在稳步进行中。资本项目开放必须同这些改革措施协调配套，才能有效防控金融风险、维护金融安全、促进经济平稳健康发展。

（作者单位：华中科技大学经济学院；

《人民日报》2017 年 8 月 4 日）

充分认识金融去杠杆的积极意义

钱谱丰　李少君

今年以来，金融领域去杠杆取得了明显成效，货币供给增速和表外融资余额均显著回落。6 月末，广义货币（M2）余额 163.13 万亿元，同比增长 9.4%，增速分别比上月末和上年同期降低 0.2 个和 2.4 个百分点。随着去杠杆的推进，社会上也出现了一些担忧与质疑，主要是担心金融去杠杆会导致资金偏紧，降低经济活力，影响经济增长。出现这样的担心，是因为没有正确认识到金融与经济之间存在的"金融活、经济活，金融稳、经济稳"的关系。实际上，金融去杠杆是保障经济金融稳定的重要抓手，是促进金融体系和实体经济健康发展的关键举措，其本身也是供给侧结构性改革的重要内容之一。金融去杠杆不仅有利于金融健康发展，而且对于经济持续健康发展具有重要意义。

有利于维护金融安全与经济稳定。从国内看，受经济下行压力加大及利率市场化影响，商业银行近年来大力发展高杠杆、多嵌套、长链条的同业融资、非标准化债权投资和表外理财业务，资产规模持续高速扩张。比如，同业存单业务自 2013 年下半年推出以来，呈现爆发式增长，目前托管余额逾 8 万亿元。经过多重设计的高杠杆金融产品，使银行资产负债两端存在比较严重的期限错配，如果控制不好，就可能导致金融市场震荡，引发系统性风险。因此，金融去杠杆势在必行。从国际因素看，美联储加息进程可能提速，年内或启动缩表；欧洲通缩风险出现消退迹象，开始酝酿退出量化宽松，全球流动性从宽松到紧缩的拐点正在到来。面对这样的形势，我们要保持战略定力，努力把握好金融去杠杆的窗口期，夯实基础、未雨绸缪，做好应对主要发达国家政策外溢和国际金融市场震荡的准备。

　　有利于促进金融和经济健康发展。就资本市场而言，调整同业业务规模，将减少因期限错配和高杠杆造成的流动性风险；加强委外资产（银行理财资金委托外部投资）监管，提高准入与投资门槛，可以有效防范较低信用产品引发的信用风险。从中长期看，规范银行资金流向，将促进公平和有效竞争格局的形成，充分保护投资者和市场参与各方权益，有利于金融体系持续健康发展。就实体经济而言，金融去杠杆将促进金融机构突出主业、下沉重心，发挥好金融体系的资源配置功能。这一方面可以推动有效处置"僵尸企业"，淘汰落后产能；另一方面可以疏通金融进入实体经济的渠道，降低融资成本，有效缓解中小微企业融资难、融资贵的问题。

　　当前，应站在深化改革的高度来把握金融去杠杆。从本质上看，金融去杠杆是供给侧结构性改革的重要内容，是转变经济发展方式的关键一环，可以有效促进经济发展从依赖投资、增加货币投放和信用扩张转向以供给侧结构性改革为主线、依靠创新推动新旧动能转换和结构优化升级。具体而言，在国企改革方面，以金融去杠杆带动企业去杠杆，可以推动国企瘦身健体、提质增效，提高资源配置效率。在地方融资平台方面，以金融去杠杆规范政府举债行为，硬化信贷约束，可以倒逼地方融资平台清理和转型。在房地产领域，以金融去杠杆促进分类调控，用市场手段防泡沫、去库存，可以建立促进房地产市场平稳健康发展的长效机制。

　　短期内，去杠杆使资金面承压，有可能带动金融市场和实体经济利率上行，加大经济下行压力。对此，应正确看待、积极应对。应当看到，只要在实施过程中把握好平衡、把握好时机、把握好力度，有效引导市场预期，加强政策协调和市场沟通，避免在处置风险过程中发生新风险，短期阵痛很快就会过去。而且，随着去杠杆成效的显现，经济与金融发展将更加健康、更有活力。

（作者单位：中国人民大学；

《人民日报》2017 年 8 月 15 日）

我国地方政府债务风险总体可控

陈　龙

当前，有一种观点夸大我国地方政府债务对经济社会发展的负面影响，甚至将其称为即将爆发的危机。这种观点显然有失偏颇。

客观认识地方政府债务问题，首先需要厘清其统计口径及范围。我国曾于 2014 年按照负有偿还责任的债务、负有担保责任的债务和可能承担一定救助责任的债务三个口径，对地方政府债务存量进行清理甄别。清理甄别之后的数据显示，截至 2014 年末，地方政府负有偿还责任的债务余额为 15.4 万亿元，负有担保责任的债务和可能承担一定救助责任的债务余额为 8.6 万亿元。此后，我国进一步规范了地方政府举债行为，明确规定地方政府举债应采取发行政府债券方式，各级政府及其所属部门不得直接或者间接通过企业、事业单位等其他任何主体举借政府债务，也不得为任何单位和个人的债务以任何方式提供担保。通过 PPP 模式转化为企业债务的，以及自 2015 年起融资平台公司新增债务，均不再纳入地方政府债务。这也意味着自 2015 年开始，不能再将融资平台的债务增加等同于地方政府债务的增加，并且地方政府将不再产生新的负有担保责任的债务。一些人没有注意到这些统计口径的变化，甚至将一些国有企业的债务也计入统计范围，从而夸大了地方政府债务的规模。

从实际情况看，我国地方政府债务规模在风险可控范围之内。截至 2016 年末，我国地方政府债务余额为 15.32 万亿元，控制在年度地方政府债务限额 17.19 万亿元以内，地方政府债务率（债务余额/综合财力）为 80.5%，低于国际货币基金组织 90%—150% 的控制标准参考值。如果加上纳入预算管理的中央政府债务 12.01 万亿元，我国政府债务为 27.33 万亿元，占国内生产总值的比重为 36.7%，不仅低于国际公认的政府债务负担率 60% 的警戒线，而且低于主要市场经济国家和新兴市场国家的平均水平。

进一步分析债务成因可以发现，西方国家的政府债务主要源于行政消耗、刺激消费以及迎合选民需求，具有"消耗性"特质。而我国地方政府债务主要是因地方基本建设投资而产生，具有"建设性""生产性"特质，不仅可以提高生产生活水平，而且能够增强未来经济发展潜力。因此，我国地方政府债务安全和风险控制状况要远优于西方国家。

在大力规范和强化地方政府债务管理方面，我国采取了许多行之有效的措施。比如，允许地方政府适度举债，同时对举债主体、举债方式、规模控制、预算管理、举债用途、风险控制、责任追究等方面作出明确规定。实施债务置换、限额管理等措施，建立地方政府债务风险评估和预警机制、应急处置机制以及责任追究制度，提升地方政府债务管理能力，挤压违规举债空间。2017 年 7 月，全国金融工作会议提出要严控地方政府债务增量，实行终身问责、倒查责任，进一步增强了对地方政府债务的约束力。

由此可见，我国地方政府债务风险总体可控。当然，我们也不能忽视其中隐藏的风险，尤其需要重视地方政府债务对供给侧结构性改革和高质量发展的不利影响。进一步强化地方政府债务管理，既要强化流量管理，切实把债务风险关进笼子里；更应着眼于存量调整，加快财政体制和地方融资机制改革，从深层次上解决这一问题。

（作者为中国财政科学研究院研究员；
《人民日报》2018 年 1 月 9 日）

促进国有企业和民营企业共同发展

殷　鹏

　　党的十八届三中全会指出："公有制经济和非公有制经济都是社会主义市场经济的重要组成部分，都是我国经济社会发展的重要基础。"国有企业和民营企业良性竞争、相互协作、共同发展，为我国"富起来"构筑了坚实支撑。党的十九大报告重申要"毫不动摇巩固和发展公有制经济，毫不动摇鼓励、支持、引导非公有制经济发展"，并强调要"推动国有资本做强做优做大""激发各类市场主体活力"。这将为我国经济迈向高质量发展阶段、为我国"强起来"注入不竭动力。然而，近段时间有人再次炒作"国进民退"。这一说法既没有事实依据，也没有政策依据和理论依据，是完全站不住脚的。

　　数据显示，党的十八大以来，我国国有企业实力壮大，民营企业活力迸发。具体来看，全国国资监管系统企业资产总额到 2016 年底达到 144.1万亿元，比 2012 年底增长 101.8%，其中中央企业 2012—2016 年实现利润总额 6.4 万亿元；2016 年进入《财富》世界 500 强的国有企业达到 83 家，比 2012 年增加 29 家，反映出国有经济质量和效益大幅提升。与此同时，民间投资比较活跃，2013—2016 年累计完成投资 132 万亿元，占全部投资的平均比重超过 60%；年均增速为 16%，比全部投资高 1.2 个百分点，比国有控股投资高约 4 个百分点。近两年，受我国经济转型升级影响，民间投资增速虽有所下降，但结构正在优化，不但开始进入石油、天然气开采等行业和教育、卫生等公共事业领域，还积极进军计算机、通信等高新技术行业。此外，民营企业近年来还提供了约 80% 的城镇就业岗位，容纳了约 90% 的新增就业。这些数据表明，"国有""民营"在各自领域充分发挥优势，协调发展、共领风骚，促进了经济社会发展，增强了综合国力，提高了人民生活水平。

上述成就与我国实施的一系列政策措施密不可分。近5年来，我国持续推进国有企业改革，鼓励其做强做优做大；分类推进国有企业混合所有制改革，提升企业可持续发展能力和核心竞争力，也给民营企业带来更多发展机会。与此同时，党中央、国务院大力推进简政放权、放管结合、优化服务改革，进一步为市场"腾位"、为企业"松绑"，投资便利化程度明显提高；进一步放开基础设施、服务业等行业的市场准入，打破各种"玻璃门""弹簧门""旋转门"，为民营企业发展营造公平市场环境；《关于完善产权保护制度依法保护产权的意见》等文件的出台和构建亲清新型政商关系等新思想的提出，让民营企业家吃下"定心丸"，激发了民间投资热情。

更深入一步看，坚持"两个毫不动摇"是中国特色社会主义政治经济学的创新成果，是习近平新时代中国特色社会主义经济思想的重要组成部分。党的十八大以来，以习近平同志为核心的党中央不断丰富和发展中国特色社会主义政治经济学。党的十八届三中全会在强调"两个毫不动摇"的基础上，明确提出公有制经济财产权和非公有制经济财产权"两个不可侵犯"。习近平同志在2016年全国政协民建、工商联界委员联组会上重申"两个毫不动摇"，并强调非公有制经济在我国经济社会发展中的地位和作用、我国鼓励支持引导非公有制经济发展的方针政策、为非公有制经济发展营造良好环境和提供更多机会的方针政策"三个没有变"；在党的十九大报告中再次强调"两个毫不动摇"，表明了我们党的一贯立场，及时回应了社会重大关切。

因此，炒作所谓"国进民退"是无视现实的做法。无论是在理论上还是在实践中，我们党促进国有企业和民营企业共同发展的决心都是毫不动摇的。在我国，国有企业与民营企业不是非此即彼、此消彼长、相互对立的关系，而是相辅相成、取长补短、共同进步的关系，二者共同为我国社会主义现代化强国建设贡献力量。

（《人民日报》2018年1月26日）

切实把扶贫同扶志扶智结合起来

李 刚

让贫困人口和贫困地区同全国一道进入全面小康社会是我们党的庄严承诺。决胜全面建成小康社会，需要继续在精准扶贫上下功夫。我国各级政府高度重视扶贫工作，近年来取得的扶贫成就举世瞩目。但也要看到，一些干部对精准扶贫的理解过于简单，只关注提高贫困者当下的经济收益，忽视了其精神文化需要和教育培训需要，有的干部甚至对贫困人口存在歧视心理。党的十九大报告指出，注重扶贫同扶志、扶智相结合。这一要求具有很强的现实针对性。应深入学习贯彻党的十九大精神，纠正认识误区，改善扶贫工作，着力提高贫困人口的生存、生产、发展能力。

把贫困户的要求看作对政府的信任，思考改进工作的着力点。有些贫困户的贫困是由于其认知能力较差造成的。长期的贫困使他们更加渴望过上好生活，但是仅仅依靠其自身的力量难以实现这一目标。因此，他们往往会将所有希望都寄托在扶贫政策和扶贫人员身上，提出很多要求。应理解这些贫困户的想法，不能简单地将他们的要求看作是过分过度。相反，应将其看作是对政府、政策的信任以及对早日脱贫的渴望，引导其将这种发展愿望转化为提高自身能力的渴望，采取切实可行的措施帮助他们从实现较容易的目标起步，循序渐进向实现更高目标努力。

帮助贫困户建立信心，使他们摆脱对扶贫政策的过度依赖。在扶贫工作中存在少量收入已经达到脱贫要求的贫困户不愿意脱贫的现象，其背后的主要原因是，这些贫困户认为在未来的生产、生活中还会面临很多不确定性，而这些不确定性可能会使他们再次贫困，所以需要依靠扶贫政策获得安全感。换句话说，他们对依靠自身能力实现永久脱贫致富不自信、没把握。

遇到这类贫困户时，扶贫人员应将物质扶贫和精神扶贫结合起来，帮助他们从逐步摆脱贫困的现实中增强自信心，从了解其他方面的扶持政策中增强自信心，从学知识、学技能、强素质中增强自信心，以脱贫致富的正面典型为榜样，找到今后继续改善生活的努力方向和现实途径。

从生存能力极端低下的贫困人口生活实际出发，在政策兜底解决其生计问题的基础上逐步提高其生存能力。有一种观点认为，政府扶贫兜底政策会造成少数贫困户"自愿贫困"。其实，人们大都不会甘愿贫困。但是对于那些生存能力极端低下的贫困人口来说，一方面他们劳动能力低下，无法获得就业机会，有时得到就业机会也难以胜任工作；另一方面他们不知道自己该做什么、能做什么，因此常常表现为无所事事。面对这种情况，我们在扶贫工作中就要看到人与人之间的客观差异，认识到生存能力极度低下的一些贫困人口需要依靠政府的扶贫政策兜底，帮助他们解决眼前的生计问题，并在此基础上逐步提高生存能力。

坚持"造血"式扶贫，努力提高贫困人口的发展能力。衡量一个贫困户是否脱贫，使用的一个重要指标是收入。于是，一些扶贫人员将此作为扶贫工作追求的最终目标，想方设法为贫困户"输血"，提高其收入，以达到脱贫标准。其实，这种简单把贫困户收入高低作为脱贫唯一衡量标准的认识，混淆了扶贫任务和扶贫目标的区别，与我们强调的"造血"式扶贫初衷相违背。我们不能仅仅停留在促进贫困人口眼下生存问题的解决上，还要着眼长远，抓住教育这个关键，把扶贫同扶志、扶智结合起来，努力提高贫困人口的素质和发展能力。这才是实现稳定脱贫的根本举措。

（作者单位：安徽财经大学经济学院；

《人民日报》2018 年 2 月 5 日）

"两个毫不动摇"缺一不可

刘迎秋

在党的十八届三中全会上，习近平同志指出，"公有制经济和非公有制经济都是社会主义市场经济的重要组成部分，都是我国经济社会发展的重要基础"。这一重要论断建立在总结中国特色社会主义理论探索成果和经济建设实践经验的基础上，阐明了公有制经济和非公有制经济在我国经济社会发展中的地位和作用。深入理解这一重要论断，对于澄清模糊认识，进而正确把握公有制经济和非公有制经济的关系、完善我国社会主义市场经济体制、推动我国经济社会持续健康发展，具有重要意义。

从坚持和完善基本经济制度的角度把握"两个毫不动摇"。实行公有制为主体、多种所有制经济共同发展的基本经济制度，是我们党确立的一项大政方针，是中国特色社会主义制度的重要组成部分，也是完善社会主义市场经济体制的必然要求。习近平同志强调："我们党在坚持基本经济制度上的观点是明确的、一贯的，而且是不断深化的，从来没有动摇。中国共产党党章都写明了这一点，这是不会变的，也是不能变的。""我们强调把公有制经济巩固好、发展好，同鼓励、支持、引导非公有制经济发展不是对立的，而是有机统一的。"任何想把公有制经济否定掉或者想把非公有制经济否定掉的观点，都是不符合最广大人民根本利益的，都是不符合我国改革发展要求的，因而都是错误的。只有既毫不动摇巩固和发展公有制经济，又毫不动摇鼓励、支持、引导非公有制经济发展，才能真正坚持和完善基本经济制度。

从功能定位角度把握公有制经济和非公有制经济不可替代的重要作用。国有企业是中国特色社会主义的重要物质基础和政治基础，是我们党执政兴国的重要支柱和依靠力量。同时，我国非公有制经济快速发展，在稳定增长、促进创新、增加就业、改善民生等方面发挥着重要作用，已经成为稳定经济的重要基础、国家税收的重要来源、技术创新的重要主体、金融发展的重要依托、经济持续健康发展的重要力量。在我国经济社会发展中，二者都具有不可替代的重要作用。

从平等发展、同等保护角度把握促进公有制经济和非公有制经济健康发展的政策导向。党的十八届三中全会指出："公有制经济财产权不可侵犯，非公有制经济财产权同样不可侵犯。""国家保护各种所有制经济产权和合法利益，保证各种所有制经济依法平等使用生产要素、公开公平公正参与市场竞争、同等受到法律保护，依法监管各种所有制经济。"党的十九大报告强调坚持"两个毫不动摇"，并要求构建亲清新型政商关系，促进非公有制经济健康发展和非公有制经济人士健康成长。平等发展、同等保护是正确处理公有制经济和非公有制经济关系的必要前提和重要条件。当前，我们要以更加有效的政策措施优化民营经济发展环境，促进民间投资持续稳定增长，实现各种所有制经济权利平等、机会平等、规则平等。

从相辅相成、相得益彰角度把握公有制经济和非公有制经济融合发展、共同发展的关系。公有制经济和非公有制经济良性竞争、相互协作、共同发展，是保持我国经济持续健康发展的重要途径。习近平同志指出，"公有制经济、非公有制经济应该相辅相成、相得益彰，而不是相互排斥、相互抵消"。混合所有制经济是我国基本经济制度的重要实现形式。积极发展国有资本、集体资本、非公有资本等交叉持股、相互融合的混合所有制经济，对于巩固公有制经济的主体地位和国有经济的主导作用，对于扩大民间投资、激发各类市场主体活力，从而实现我国经济持续健康发展，具有十分重要的意义。

（作者为中国社会科学院研究员；

《人民日报》2018 年 3 月 7 日）

支持民营企业发展的方针政策没有变

郭朝先

近来，有一种观点认为，政府部门加强对民营企业的监管，目的是促进所谓的"国进民退"。这种认识是极其错误的。事实上，在鼓励、支持、引导非公有制经济发展方面，我国的政策是明确的、一贯的，而且是不断深化的，从来没有动摇过。

实行公有制为主体、多种所有制经济共同发展的基本经济制度，是我们党确立的一项大政方针。这一基本经济制度是中国特色社会主义制度的重要组成部分，也是社会主义市场经济体制的根基。无论现在还是将来，我们都必须毫不动摇巩固和发展公有制经济，毫不动摇鼓励、支持、引导非公有制经济发展。在2016年全国两会期间，习近平同志重申发展非公有制经济的"三个没有变"，即非公有制经济在我国经济社会发展中的地位和作用没有变，我们毫不动摇鼓励、支持、引导非公有制经济发展的方针政策没有变，我们致力于为非公有制经济发展营造良好环境和提供更多机会的方针政策没有变。党的十九大报告进一步指出："全面实施市场准入负面清单制度，清理废除妨碍统一市场和公平竞争的各种规定和做法，支持民营企业发展，激发各类市场主体活力。"去年底召开的中央经济工作会议也指出："要支持民营企业发展，落实保护产权政策，依法甄别纠正社会反映强烈的产权纠纷案件。全面实施并不断完善市场准入负面清单制度，破除歧视性限制和各种隐性障碍，加快构建亲清新型政商关系。"这表明，中央鼓励、支持、引导非公有制经济发展的方针政策不仅没有变，而且不断深化拓展，给民营企业吃上了定心丸。

从实践看，党的十八大以来，一大批扩大民营企业市场准入、促进平等发展的改革举措相继推出，一大批相关政策措施接续出台，鼓励、支持、引导非公有制经济发展的政策体系不断完善。近年来，我国出台一系列政策和文件，如《关于创新重点领域投融资机制鼓励社会投资的指导意见》《关于进一步做好民间投资有关工作的通知》《关于完善产权保护制度依法保护产权的意见》《关于进一步激发民间有效投资活力促进经济持续健康发展的指导意见》《关于发挥民间投资作用推进实施制造强国战略的指导意见》等，不断为非公有制经济发展营造良好政策环境和社会氛围。还应看到，我国民营企业中有相当一部分是小微企业。根据《中国工业发展报告（2017）》的有关统计，2012 年以来国务院及中央相关部门发布的有关小微企业的政策有 55 个，其中 2/3 以上是鼓励、扶持、促进小微企业发展以及对小微企业给予税收、收费等减免、优惠的；另外不到 1/3 的政策涉及规范小微企业发展的管理办法、指导意见等，其中绝大多数条文仍是促进小微企业健康发展的。为促进民间投资健康发展，中央还部署开展了促进民间投资政策落实专项督查和第三方评估调研。这些政策举措对于民营企业健康发展无疑具有积极的推动作用。

在坚持鼓励、支持非公有制经济发展的同时，依据法律法规对国有企业和民营企业施以同样的行业标准、产品质量、环境标准、安全生产等监管，是为了规范企业的生产经营行为，引导各类企业走持续健康发展之路。这是促进市场经济健康发展的必然要求，是保护广大消费者和生产者根本利益的必要举措，有利于各类企业发展，也有利于实现党的十八届三中全会提出的"国家保护各种所有制经济产权和合法权益""坚持权利平等、机会平等、规则平等"的要求，不能曲解为推动"国进民退"。

当前，为更好激发民营企业的活力和创造力，各地区各部门应贯彻落实中央精神，从实际出发，细化、量化政策措施，完善相关配套举措，推动各项政策落地、落细、落实，切实破除民营企业市场准入方面仍存在的一些"玻璃门""弹簧门"现象，切实解决民营中小企业"融资难""融资贵"等问题，不断增强民营企业的获得感。

（作者单位：中国社会科学院工业经济研究所；

《人民日报》2018 年 4 月 13 日）

切实降低实体经济成本

葛晨光

实体经济是我国经济健康发展、在国际竞争中赢得主动的根基。实体经济竞争力的强弱，在很大程度上取决于其成本高低。党的十八大以来，以习近平同志为核心的党中央高度重视降低实体经济成本，出台了一系列政策措施。各地贯彻落实中央精神，推动实体经济降成本不断取得新进展。但也应当看到，在实践中仍存在一些误区：一些地方和企业教条式理解降成本，以为所有成本都要降也都能降，陷入普降成本的误区；一些地方和企业为降成本而降成本，下指标、定任务，搞运动式降成本；等等。这些误区不仅影响实体经济降成本的成效，而且造成市场机制扭曲，反而为实现经济高质量发展埋下了风险和隐患。

改革开放以来，我国经济之所以取得巨大发展成就，一个重要原因就是社会主义市场经济体制的建立和完善，全面降低了羁绊实体经济腾飞的外部成本，从而创造了举世瞩目的"中国奇迹"。在我国经济发展新时代，推动经济由高速增长转向高质量发展，实现实体经济新的飞跃，仍然需要降成本。为此，需要廓清认识误区，明确降什么、谁来降、怎么降。

明确降什么。实体经济成本包括内部成本和外部成本，需要统筹考虑。应当看到，劳动力、土地、资源环境等成本会随着资源禀赋变化和发展阶段提升而出现趋势性上升，从某种程度上说这是企业必须承受的"硬成本"；而税费、融资、物流等外部成本以及乱收费等不合理成本，可以区分不同情况作为实体经济成本的"主降点"。同时，还需要从政府与市场边界模糊、政策和制度不合理、改革不到位等基础性体制机制方面找准"病根"，对症下药，切实降低实体经济成本。

明确谁来降。降低实体经济成本涉及不同经济主体之间的利益关系调整，需要企业和政府明确各自角色定位、携手推进。一方面，企业要发挥降成本的主体作用。企业在降成本方面不能无所作为，而是需要通过内涵挖潜方式降成本、提效益，提高对成本上升的消纳能力。另一方面，政府要发挥降成本的主导作用。聚焦企业自身说了不算、想降难降的外部成本，积极发挥"看得见的手"的作用。只有企业充分发挥主体作用、政府充分发挥主导作用，两者相辅相成、形成合力，才能把降成本落到实处。

明确怎么降。降低实体经济成本是一项复杂的系统工程，需要政府、企业和社会各方面共同努力。一是企业"眼睛向内"挖潜降本增效。顺应经济转向高质量发展的大势，加强技术创新，推动生产制造自动化、智能化，提高生产效率。实施全员节能减排，应用新技术、新设备、新工艺，提高能源使用效率。提高资产证券化水平，降低融资成本。加强物流网、大数据等现代信息技术应用，发展电子商务，降低物流成本。二是政府持续发力打好"组合拳"。深入推进"放管服"改革，强化涉企收费管理，降低制度性交易成本和企业税费负担。深化生产要素市场化改革和国有企业改革，加快发展普惠金融，多措并举降低企业用能、用地、用网以及融资和物流成本。出台政策措施，引导资金、技术、人才等要素向实体经济汇聚。三是营造降成本的浓厚社会氛围。加强降低实体经济成本宣传，引导社会力量支持企业降成本。深化降成本研究，科学有效降成本。

（作者单位：河南省中国特色社会主义理论体系研究中心南阳理工学院基地；《人民日报》2018 年 4 月 23 日）

我国对外投资促进合作共赢

王晓红

　　针对近年来我国对外直接投资较快增长，有国际舆论抛出所谓中国正在"转移落后产能"等不实论调，曲解我国积极开展对外经济合作的动机。事实上，我国对外投资量、质齐升，不仅为我国经济保持中高速增长、迈向中高端水平发挥着有力支撑作用，而且对我国与世界各国构建利益共同体、责任共同体和命运共同体起到了桥梁纽带作用。

　　2008年国际金融危机爆发后，美、欧、日等发达经济体陷入经济复苏缓慢、对外投资乏力的困境，全球跨国直接投资出现大幅波动。但我国对外投资一直保持强劲增长态势，成为拉动全球对外直接投资增长的重要引擎，改变了全球跨国直接投资长期由发达经济体主导的局面，开创了发达国家和发展中国家双轮驱动的国际投资新格局。2009年我国对外直接投资额由2008年的世界第十二位跃升到第五位，2016年我国对外投资流量和存量分别列世界第二位和第六位。我国对外投资经历了由小到大、由弱到强、由区域到全球的快速发展过程，这是我国综合国力提升和深度参与经济全球化共同作用的结果。2016年我国人均GDP超过8000美元，按照国际直接投资发展阶段理论，已经进入国际直接投资净流出阶段。高铁、核电、航天、钢铁、汽车、船舶、装备、家电等一批新兴产业和传统产业具备国际竞争优势，为我国对外投资提供扎实的产业基础。

　　截至2016年，我国在境外设立企业3.72万多家，分布在190个国家和地区，全球覆盖率达80%以上，为东道国经济发展、扩大就业、创造税收作出了积极贡献。特别值得注意的是，我国对外投资结构加快从资源获取型向技术引领型转变，促进了东道国新兴产业发展。我国对外投资主要集中在服务业领域，以生产性服务业为主，尤其是信息、研发、物流等领域投资增速较快，这说明企业构建全球创新网络、营销网络、服务网络的能力快速提高。从第二产业看，采矿业占比不断下降，制造业占比逐步上升，这说明我国对外投资已经从过去的资源导向型向构建全球价值链转变，有利于东道国产业结构优化升级。

"一带一路"建设是推动构建人类命运共同体的生动实践。目前我国与30多个参与国签署了产能合作协议，与50多个参与国签署了双边投资协定和避免双重征税协定，为企业开展合作营造了良好政策环境。"一带一路"建设相关投资主要分布在东南亚、南亚、中亚、非洲等基础设施和工业化水平较低的国家和地区。近年来，一批中国企业赴有关国家建立生产基地，带动了装备、零部件出口和技术、标准、服务走出去，帮助东道国建设基础设施，为东道国扩大就业、培训技术人才、开展公益服务，促进了当地社会、文化、医疗、教育事业发展，很多企业成为当地的标杆企业。截至2016年，我国企业在"一带一路"建设参与国建立经贸合作区56个，累计投资超过185亿美元，上缴东道国税费近11亿美元，为当地创造就业岗位18万个，对当地产业发展形成了较强辐射带动效应。我国对"一带一路"建设参与国的直接投资正在帮助其提高基础设施水平，加快绿色化、现代化工业体系建设。

可见，所谓"转移落后产能"等论调都是对我国对外投资的曲解。我们要排除干扰、保持定力，推动我国开放型经济迈向更高水平，促进对外投资合作持续健康发展。

（作者为中国国际经济交流中心信息部副部长；
《人民日报》2018年4月30日）

现代化经济体系全面体现新发展理念

赵昌文

习近平同志指出，现代化经济体系，是由社会经济活动各个环节、各个层面、各个领域的相互关系和内在联系构成的一个有机整体。这一重要论述深刻揭示了现代化经济体系的本质、内涵和特征，具有很强的现实针对性和指导性。建设现代化经济体系是一个新表述、新要求，一些人的认识还不到位，简单地将它理解为现代化产业体系或市场体系，而没有看到它是由多个体系构成的有机整体，更没有认识到它体现着新发展理念和社会主义现代化强国建设要求，需要一体建设、一体推进。认识不到位，就会影响现代化经济体系建设的进程。只有从"有机整体"的角度加深理解，才能做好建设现代化经济体系这篇大文章。

现代化经济体系是由多个体系构成的有机整体。建设现代化经济体系既是一个重大理论命题，更是一个重大实践课题，必须运用马克思主义的世界观和方法论，从理论和实践的结合上正确理解现代化经济体系的系统性和整体性。我国要建设的现代化经济体系，既包括生产力方面的内容，又包括生产关系方面的内容。从生产力角度看，提高劳动力、资本、技术等各种资源要素的质量，优化产业结构，促进转型升级，推动质量变革、效率变革、动力变革等，是建设现代化经济体系的重要内容。从生产关系角度看，全面深化改革、创新体制机制、提高管理水平等，也是建设现代化经济体系的重要内容。生产力现代化要求抓住新一轮世界科技革命和产业变革的重大机遇，不断增强我国经济创新力和竞争力。生产关系现代化要求改变同生产力发展不适应的生产关系和上层建筑，进一步完善社会主义市场经济体制，包括完善现代市场体系、宏观调控体系、开放型经济体系等。在社会主义国家，生产力和生产关系现代化的根本目的都是不断促进人的全面发展、全体人民共同富裕。正是生产力和生产关系及其矛盾运动，决定了现代化经济体系是由多个体系构成的、具有紧密联系的有机整体，主要包括：创新引领、协同发展的产业体系，统一开放、竞争有序的市场体系，体现效率、促进公平的收入分配体系，彰显优势、协调联动的城乡区域发展体系，资源节约、环境友好的绿色发展体系，多元平衡、安全高效的全面开放体系，充分发挥市场作用、更好发挥政府作用的经济体制。

现代化经济体系是适应全面建设社会主义现代化强国要求的经济体系。在谈到现代化经济体系时，一些人会与发达国家的经济体系进行对标，这样做并不恰当。我们应当借鉴发达国家的有益做法，但不能照搬其经济体系。总的看，发达国家的经济体系是一种高水平、较稳定但宏观上缺乏活力的经济体系，具有制度成熟、结构定型、速度缓慢等突出特征，特别是制度革新缓慢，市场成长空间有限，社会流动性较低。与之不同，我国要建设的现代化经济体系是与全面建设社会主义现代化强国要求相适应的经济体系，具有体制机制不断变革、经济结构快速调整升级、长期潜在增速较快、社会流动性较强、富有创新创业活力等特征。同时，社会主义现代化强国建设坚持以人民为中心的发展思想，更强调促进人的全面发展、全体人民共同富裕。因此，评判建设现代化经济体系成效的根本标准，不在于与发达国家经济体系的相似度，而在于是否有利于全面建成富强民主文明和谐美丽的社会主义现代化强国。

现代化经济体系是全面体现新发展理念的经济体系。创新、协调、绿色、开放、共享的发展理念，相互贯通、相互促进，是具有内在联系的集合体。习近平同志在今年初中央政治局第三次集体学习时，从七个方面阐释了现代化经济体系的内涵，这七个方面与新发展理念能够很好对应起来。其中，创新引领、协同发展的产业体系可与创新发展理念相对应；彰显优势、协调联动的城乡区域发展体系可与协调发展理念相对应；资源节约、环境友好的绿色发展体系可与绿色发展理念相对应；多元平衡、安全高效的全面开放体系可与开放发展理念相对应；体现效率、促进公平的收入分配体系可与共享发展理念相对应；统一开放、竞争有序的市场体系和充分发挥市场作用、更好发挥政府作用的经济体制，则是实现创新、协调、绿色、开放、共享发展的市场基础和体制保障。现代化经济体系是全面体现新发展理念的经济体系，必须坚持以新发展理念指导现代化经济体系建设，在建设中增强全面性、系统性、协同性。

建设现代化经济体系是我国发展的战略目标，也是转变经济发展方式、优化经济结构、转换经济增长动力的迫切要求。它是从我国仍处于并将长期处于社会主义初级阶段的基本国情出发，从人民日益增长的美好生活需要和不平衡不充分发展之间的矛盾这一社会主要矛盾出发，着眼于解决发展质量和效益不够高、创新能力不够强、实体经济水平有待提高、生态环境保护不到位、城乡区域发展和收入分配差距依然较大等突出问题，通过深化供给侧结构性改革、加快建设创新型国家、实施乡村振兴战略和区域协调发展战略、加快完善社会主义市场经济体制、推动形成全面开放新格局等重大举措，一体建设、一体推进，推动我国经济发展焕发新活力、迈上新台阶。

（作者为北京市习近平新时代中国特色社会主义思想研究中心特约研究员、国务院发展研究中心产业经济部部长；《人民日报》2018 年 6 月 24 日）

让脱贫攻坚经得起检验

沈跃春　杨根乔

习近平同志在党的十九大报告中强调，"坚决打赢脱贫攻坚战""使全面建成小康社会得到人民认可、经得起历史检验"。当前，我国脱贫攻坚正处于啃硬骨头、攻坚拔寨的关键阶段，所面对的都是贫中之贫、困中之困、难中之难，必须以更大的决心、更明确的思路、更精准的举措和超常规的力度激发贫困人口内生动力，夯实贫困人口稳定脱贫基础，切实做到脱真贫、真脱贫、不返贫。

党的十八大以来，我国脱贫攻坚取得决定性进展。2012—2017年，我国贫困人口减少6800多万，贫困发生率从10.2%下降到3.1%。同时应看到，扶贫工作中仍存在一些短板：有的忽视发挥贫困群众主体作用，出现"干部干、群众看"的情况；有的搞低标准脱贫、突击式脱贫，甚至搞数字脱贫；还有的由争相"戴帽"变成盲目"摘帽"，有搞形式主义之嫌。这些问题必须引起高度重视，认真加以解决。

力戒形式主义。坚决打赢脱贫攻坚战，要增强忧患意识，强化问题导向，认真学习贯彻党的十九大精神，明确新时代打赢脱贫攻坚战的战略定位，坚持真抓实干，力戒形式主义，增强脱贫攻坚的责任与担当。在具体扶贫实践中，要牢固树立宗旨意识，从脱贫难点入手，从群众需要出发，沉下心来帮扶，切实提高扶贫成效。坚持在精准上持续用力，瞄准脱贫目标改进政策安排、工作部署和业绩考核等工作，坚决防止低标准脱贫、突击式脱贫，更不能搞数字脱贫、虚假脱贫等形式主义。完善干部扶贫政绩考核机制，改进扶贫督查工作，减少不必要的检查考评，强化监督问责，及时曝光反面典型，让搞形式主义的人付出代价。

激活内生动力。贫困群众是脱贫帮扶对象，也是脱贫致富主体，要唤醒他们的主体意识，充分调动其积极性主动性创造性，使其心热起来、手动起来，由"要我脱贫"向"我要脱贫"转变。只有把贫困群众主动脱贫的志气鼓起来，脱贫办法才会多起来。要通过劳动素质培养、职业技能培训、经营意识再造等方式，提升贫困群众的生产技能和竞争能力。引导社会力量投入脱贫攻坚战，优化扶贫政策措施，引导贫困群众树牢主体意识，发扬自力更生精神，增强改变贫困面貌的决心和信心。高效整合全社会资源，多方式、多渠道解决贫困群众脱贫致富问题。尤其要重视改善基层治理，完善驻村帮扶制度，激活贫困地区沉睡的资源，动员各方力量合力攻坚，构建外部多元扶贫与内部自我脱贫的互动机制，确保脱贫攻坚目标如期实现。

增强造血功能。过去，一些地方扶贫偏重于"输血"，简单采取救济等扶贫方式，一些贫困群众虽然暂时脱了贫，但返贫率较高。消除深度贫困，要勇于突破常规思维，创新扶贫思路，大力实施精准扶贫、精准脱贫，变"输血"为"造血"。精准扶贫既要精准施策，更要精准到户，找准对象拔"穷根"，明确靶向、量身定制、对症下药，真正帮到点上、扶到根上。精准扶贫不能仅仅"授之以鱼"，更要"授之以渔"。找准扶贫路子，完善体制机制，在精准施策上出实招、在精准推进上做实功、在精准落地上见实效；聚焦深度贫困地区和特殊贫困群体，突出问题导向，优化政策供给，下足绣花功夫；补齐产业扶贫短板，用足用活产业扶贫资金，积极探索资源变资产、资金变股金、农民变股东的发展模式，确保贫困群众脱真贫、真脱贫、不返贫。

（作者为安徽省中国特色社会主义理论体系研究中心特约研究员；《人民日报》2018 年 8 月 22 日）

"消费降级"的说法不正确

张　昊　　依绍华

居民消费究竟是在"降级"还是在"升级"？最近，一些低价销售渠道受到消费者青睐，生产榨菜、方便面、二锅头等产品的上市公司业绩表现良好，而社会消费品零售总额增速比前两年有所下滑。有人根据这些现象得出消费正在降级的结论，一时引起热议。这种说法是不正确的，因为它既没有理解社会消费品零售总额这一指标，也没有搞清楚消费升级和降级的特点。

我国社会消费品零售总额已经经历了 10 多年的两位数增长，今年 1 至 9 月同比增长 9.3%，虽然相比去年同期增速略低 1.1 个百分点，但仍属于较高增速。应该认识到，社会消费品零售总额体现的是消费规模，它本身并不能说明消费结构或层次的变化。从社会消费品零售总额增速变化出发得出消费降级的结论，明显用错了衡量指标。实际上，规模增速放缓与内部结构优化相叠加，本身是消费升级到一定阶段的规律性表现。同时，社会消费品零售总额这一指标并没有包括当前迅速增长的文化服务消费。2018 年上半年全国居民人均体育健身活动、旅馆住宿支出分别增长了 39.3% 和 37.8%。如果观察涵盖内容更为全面的全国居民人均消费支出指标，则会发现其 2018 年前三季度的实际增速达到 6.3%，比上年同期提高 0.4 个百分点。综合各项指标可以发现，我国不仅消费总量不断扩大，而且消费结构持续升级。此外，今年社会消费品零售总额增速有所下滑也与商品房销售面积减少、汽车购置政策变化等特定因素有关。部分消费内容出现短期波动，并不代表结构变化的长期趋势。

在追求消费升级的同时更加关注支出的性价比，是当下消费结构变化的主要特点。当前，代表食品消费支出占比的恩格尔系数已由改革开放初期的 60% 左右降至低于 30% 的水平。环顾四周，从基本的食品、简单的生活用品到各类家电、汽车乃至智能电子产品，消费品种类之丰富、功能之多样是此前任何一个时期都无法比拟的；体育健身、旅游度假、欣赏音乐会等早先被认为属于"高端人群"的消费内容，现在已经进入寻常百姓家。并且，在不断融入世界经济的过程中，我国消费领域也在与国际接轨。特别是近年来跨境电子商务的快速发展，使人们能够足不出户购买全球各地的商品。在消费内容日益丰富、消费选择不断增多的情况下，人们对消费活动的关注点也会发生变化。为了将更多的收入用于满足社交、休闲、健康、育儿等发展型或较高层次的消费，人们会在吃、穿、用等基本消费方面更加看重内在品质，选择更为实惠的商品和服务，而不是一味追求名牌、买贵比阔。某些价格虚高的低性价比消费活动支出减少并不是消费降级，恰恰是消费结构优化和消费观念升级的表现。

从供给角度来看，一个充分发展的消费市场是高度细分的，需要一个在内容、质量、价格等多个维度包含多个层次的供给体系与之匹配，企业可以在其中选择恰当的定位，为不同目标群体提供商品或服务。我们不能因为出现价格低廉的零售渠道就认为发生了消费降级。事实上，不论是价格亲民的社区菜店，还是基于社交网络的"拼团""砍价"，都是通过丰富供给形式来满足多样化消费需求，并不是消费降级的表现，而是通过创新模式、提高效率、降低成本、方便顾客来促进消费质量和顾客体验提升，为消费升级创造条件。

当然，我们也必须看到消费受收入约束的客观规律。最近，国家出台了一系列增加居民收入、促进消费的政策，正是要从稳定经济增长、提高可支配收入和改善消费环境等方面出发，扩大中等收入群体，释放消费潜力，促进居民消费持续升级。

（作者单位：中国社会科学院财经战略研究院；
《人民日报》2018 年 10 月 29 日）

投资要适应经济高质量发展

杨志勇

当前，中国经济运行总体平稳，稳中有进；同时，稳中有变，经济下行压力有所加大。面对经济下行压力，投资最有效的方法是适应经济高质量发展。

大水漫灌式的投资不仅效率低，而且妨碍市场活力的释放，还会积聚财政金融风险。当前我国实行的积极财政政策不是要搞投资强刺激，而是调整优化财政支出结构，确保对重点领域和项目的支持力度，在扩大内需和结构调整上发挥更大作用，并针对市场预期变化及时进行预调微调，为经济发展创造良好环境。

我国经济发展进入了新时代，基本特征是已由高速增长阶段转向高质量发展阶段。在这一阶段，经济持续稳定增长依靠的不是投资强刺激，而是知识创新及其推动的技术进步。因此，应练好内功，进一步落实创新驱动发展战略，尊重企业的技术创新主体地位，让知识创新推动技术进步。政府则应在基础科学研究上增加投入，加大基础设施补短板的力度，为创新发展打下坚实基础。

保持经济持续稳定增长，还需要营造良好营商环境。良好营商环境不仅是招商引资的重要条件，而且是促进和保持市场繁荣不可或缺的重要条件。营造良好营商环境，归根结底是处理好政府和市场的关系，使市场在资源配置中起决定性作用，更好发挥政府作用。为此，必须落实国家机构改革方案，大力转变政府职能，加快"放管服"改革，做到在需要的场合不缺位、在市场和社会能有效发挥作用的场合不越位，努力提高国家治理体系和治理能力现代化水平。合理的税费负担是良好营商环境的重要内容，减税降费有利于营商环境的进一步改善。过去 5 年，我们通过深化供给侧结构性改革，大力降低实体经济成本，减轻市场主体税费负担 3 万多亿元。2018 年继续实施减税降费，预计全年可为企业减轻税费负担 1.1 万亿元以上。在民营企业座谈会上的重要讲话中，习近平同志明确提出了大力支持民营企业发展壮大的 6 个方面政策举措，让民营企业和民营企业家吃下了定心丸。让企业轻装上阵、聚力发展，将有力促进实体经济转型升级，激发市场活力和社会创造力。

经济增长需要投资，但需要的不是"大水漫灌"式的投资，而是适应消费需要、有利于经济转型升级的投资。当前，我国经济发展长期向好的基本面没有变，经济韧性好、潜力足、回旋余地大的基本特征没有变，经济持续增长的良好支撑基础和条件没有变，经济结构调整优化的前进态势没有变。促进经济发展的关键是解决市场主体最关心、最希望解决的问题，最有效的举措是全面深化改革开放而不是投资强刺激。应保持战略定力，全面深化改革开放，深化供给侧结构性改革，下大气力解决存在的突出矛盾和问题，推动中国经济加快转入高质量发展轨道，迎来更加光明的发展前景。

（作者为中国社会科学院财经战略研究院研究员；
《人民日报》2018 年 11 月 13 日）

政　治

谁说法治德治结合没有法理依据

喻　中

党的十八届四中全会《决定》提出的"坚持依法治国和以德治国相结合"得到广泛支持，但也有人存有疑惑，认为依法治国和以德治国是对立的而非统一的，强调以德治国就会削弱依法治国。对此，有必要从法理依据上进行辨析。

事实上，很多法律是道德的规则化、法律化表达。在公共道德领域，大多数道德准则已实现法律化。譬如，诚信、信用是普遍的公共道德准则，民法中早已规定诚实信用原则。诚实信用甚至充当着民法的"帝王条款"，在民法的原则、规则体系中享有最高地位。在私人道德领域，一些道德准则也已实现法律化。譬如，婚姻法第四条规定"夫妻应当互相忠实，互相尊重"。这里的"互相忠实"是一种法律义务，源头则是典型的道德准则。再譬如，老年人权益保障法第十八条规定："家庭成员应当关心老年人的精神需求，不得忽视、冷落老年人。与老年人分开居住的家庭成员，应当经常看望或者问候老年人。用人单位应当按照国家有关规定保障赡养人探亲休假的权利。"这一条款规定了"家庭成员"的法律义务，也是典型的私人道德准则。在职业道德领域，某些职业的道德准则也有法律化趋势。像法官的职业道德、医生的职业道德、警察的职业道德、教师的职业道德等，都出现规则化、法律化趋势。

法律的道德追求由来已久，在可以预见的将来依然会持续下去。在我国传统社会，通过法律实现特定的道德目标是一个基本原则。在"德主刑辅""出礼则入刑"的框架下，法律或刑律的重要价值就在于实现传统社会的伦理道德追求。在当代中国，随着传统刑罚意义上的法律转为现代调整权利义务关系的法律，法律的道德追求虽然有所弱化，但法律同样担负着道德上的追求。譬如，宪法第二十四条规定："国家提倡爱祖国、爱人民、爱劳动、爱科学、爱社会主义的公德"。这是宪法的道德追求。宪法第三十三条规定："国家尊重和保障人权。"这同样是一个体现道德追求的宪法条款，因为尊重和保障人权具有强烈的伦理价值与道德意义。

这表明，法律追求与道德追求在很多方面、很多领域、很多环节是共通的。一个健全的社会，法律和道德总是相互支撑的。背离道德的法律，不可能得到普遍而持久的遵循；违反法律的道德，不可能获得生存空间。这就要求社会主义法治建设不能孤立看待依法治国，因为依法治国所依据的法律与道德总是相互嵌入、彼此涵摄的。应把依法治国和以德治国结合起来，予以整体推进。那种认为法治和德治相结合没有法理依据的观点、将依法治国和以德治国割裂开来的思维，是有失偏颇的。

依法治国和以德治国如何有机结合？关键在于以道德促进法治、以法治促进道德，实现法治与道德的双向促进。以道德促进法治的方式是多种多样的。譬如，提高法律共同体或法律人的职业道德，有助于增强人们对于法治的信心。因为法律共同体或法律人就是法治的身体力行者，社会公众正是从其言行中感知法律与法治的。同样，以法治促进道德也存在多种可能性，其中一个重要方式就是提高法律的道德含量。在法律制定过程中，应当有道德方面的要求，让道德成为法律条文的精神内核。譬如，公平正义是具有道德意义的准则，将其精神灌注到法律规范中，就能规范调整人们的行为，就能以法治促进道德。

当然，坚持依法治国和以德治国相结合，并不意味着二者可以等量齐观。当代中国，法治是治国理政的基本方式，是实现国家治理体系和治理能力现代化的必然要求。我国社会主义民主政治、社会主义市场经济以及陌生人社会、商业文化等的发展，都决定了依法治国是居于主导地位的。因此，我们应坚持以依法治国为主轴来实现依法治国和以德治国有机结合。

（作者为首都经济贸易大学法学院院长、教授；《人民日报》2015 年 1 月 8 日）

公正，岂能仅靠观念更新

何家弘

发生在内蒙古自治区的呼格吉勒图错杀冤案，历经 9 年申诉之后终于平反昭雪。这一案件被媒体广泛关注。这样的冤假错案对于当事人及其家庭是重大的人生悲剧。但回顾这一案件，我们不能简单地把责任都归结到办案人员身上，同样的冤假错案在其他一些省市也有发生，从中可以看到我国刑事司法制度中的一些漏洞。冤假错案是刑事司法的阴影。但透过这片阴影，我们应吸取教训，推进刑事司法制度完善，防止冤假错案再次发生。

每一起冤假错案的发生都是多种原因交互作用的结果，把这些原因综合起来，就可以反映出刑事司法中可能导致错判的一些漏洞。比如，规定限期破案，就存在草率确定犯罪嫌疑人的可能；由供到证的侦查模式，可能导致先入为主的片面取证，或对证据进行不当解读；一些地方公检法相互制约没有落实；一些案件中存在刑讯逼供、超期羁押现象；等等。这些问题有些属于观念或意识问题，有些则属于具体制度体制问题。因此，要让冤假错案不再发生，一方面要转变司法观念，另一方面要完善司法制度。

当前，我国刑事司法制度正处于极好的改革时机。司法改革的目的就是维护司法公正，努力让人民群众在每一个司法案件中都感受到公平正义。党的十八届四中全会《决定》为司法制度改革作出了多项重大部署。例如，建立领导干部干预司法活动、插手具体案件处理的记录、通报和责任追究制度；健全公安机关、检察机关、审判机关、司法行政机关各司其职，侦查权、检察权、审判权、执行权相互配合、相互制约的体制机制；推进以审判为中心的诉讼制度改革；完善人民陪审员制度；全面贯彻证据裁判规则；等等。当然，司法机关还要在此基础上制定具体改革措施和相关制度规则。中央政法委出台了关于切实防止冤假错案的指导意见，重申了疑罪从无原则、证据裁判原则、严格证明标准、保障辩护律师辩护权利等规定，并就法官、检察官、人民警察对办案质量终身负责提出明确要求。

新形势下，司法人员需要始终严格依法办事，增强工作前瞻性、主动性，向善于运用法治思维和法治方式转变。多年来，我国刑事司法制度一直偏重于打击犯罪的价值取向，而对犯罪嫌疑人和被告人权利的保护重视不够。应遵循刑事诉讼活动规律，处理好惩治犯罪与保障人权之间的关系，切实加强刑事司法领域的人权保障。司法人员应该养成只遵从法律的职业思维习惯，坚持依法办案、文明办案。坚持实体和程序并重的公正观，从程序上强化对当事人和其他诉讼参与人合法权益的保障。

在制度建设上，应把制度对办案流程的刚性约束落到实处，把责任追究机制真正建立起来，强化执法司法权力的监督运行机制。一是深入推进司法公开。公开和透明是司法公正的保障，而暗箱操作是滋生腐败和滥用职权的温床。公开透明司法会在一定程度上提高司法难度，但是司法机关却可赢得社会支持并提高司法公信力。二是坚持无罪推定原则。司法人员应中立客观地收集、审查、运用证据，防止用"有罪的眼光"看待犯罪嫌疑人和被告人。三是推进以审判为中心的诉讼制度改革。案件事实的认定必须经法庭审判来完成，而侦查和起诉都是审判的准备阶段，重点健全落实罪刑法定、疑罪从无、非法证据排除等制度。

（作者为中国人民大学法学院教授；

《人民日报》2015 年 2 月 2 日）

简政放权岂能一放了之

胡　敏

　　两年来，国务院带头简政放权，取得显著成效。截至 2014 年底，国务院相继取消和下放 9 批 798 项行政审批事项，本届政府削减 1/3 行政审批项目的目标已完成。简政放权，充分释放了制度红利。商事制度改革以来，2014 年 3 月—12 月，全国新登记注册市场主体 1146.69 万户，同比增长 16.82%，平均每天新注册企业数由改革前的 6900 户上升至现在的 1.06 万户。其中，新增个体私营经济从业人员持续快速增长。

　　改革实践中也存在一些问题：一些部门、一些地方简单地认为，简政放权就是一放了之，结果导致一些权力下放了，监管没跟上；或者权力下移了，下面没很好接住，出现监管真空。有的地方片面理解行政权力调整事项，盲目取消或变更法律法规赋予的审批事项；有的部门不顾基层实际，一股脑地将管理难度大、责任重的事项下放给不具备监管能力的基层单位，造成基层负荷加重、运转失灵。对这些问题必须高度重视。

　　过去一个时期，政府手里拥有太多行政审批权，事事要立项，项项要审批，过多审批权就像网一样束缚住市场这只"无形的手"。政府管得过多过细，造成机构膨胀臃肿、运行效率低下，还容易带来寻租腐败问题。从两年来的实践看，通过简政放权，政府从管不好、不该管的领域退出，用政府权力的"减法"换取企业和市场活力的"加法"，有利于充分发挥市场在资源配置中的决定性作用。

　　但是，简政放权绝不是放任不管。市场失灵和经济负外部性的客观存在，对有效发挥政府作用提出现实要求。我国作为社会主义国家，要提高人民生活水平、全面建成小康社会、逐步实现共同富裕，就必须对有效发挥政府作用提出更高标准。这些现实要求和更高标准归结起来就是：加快转变政府职能，推进机构改革，优化组织结构，提高行政效能；确保落实稳增长、调结构、促改革、防风险、稳预期、惠民生的经济政策；创造良好发展环境、提供优质公共服务、维护社会公平正义。简政放权，就是正确处理政府与市场的关系，有效发挥政府作用，以行政审批制度改革推进服务政府、法治政府和廉洁政府建设。

简政放权被本届政府作为"一场自我革命"，其意义不同于以往。这次简政放权不只是体现为政府取消和下放一批行政权力，更是要彰显现代政府治理的基本逻辑，体现全面深化改革的顶层设计，其实质是要提高政府治理水平。"放"不是一放了之，而是放活、放好、放到位；"管"不是无所不包，而是管权、管责、管制度。放和管就像两个轮子，只有两个轮子都做圆了，车才能跑起来。

针对一些地方或部门视简政放权为一放了之、放管分割的错误观念，应切实提高领导干部的思想认识：取消和下放行政审批权限后，不能做甩手掌柜，两手一摊，啥事不管，而要明确"放"与"管"的边界，有的放矢，切实加强事中事后监管，实现责任和权力同步下放、放活和监管同步到位。在此基础上，还应建好配套制度。放权必须解决好"谁放权、怎么放、放给谁、放后做什么"的问题，在下放权力的同时考虑好权力对接和依法监督管理，并作出相应的制度安排。

（作者为国家行政学院研究员；
《人民日报》2015 年 2 月 6 日）

全面建成小康，不宜层层分解目标任务

黄　锟

当前，全面建成小康社会进入决定性阶段。不少地区提出率先或同步实现全面建成小康社会目标，并以行政区为单位将目标任务层层分解，开展监测考评。

采取这种做法的初衷是好的，但方法未免简单，容易产生副作用。比较突出的问题是，对便于细化分解、分项考核而又操作简单、可以短期见效的目标任务，地方各级政府普遍具有较高的积极性，重视过度，以致出现层层加码的现象。在国家"十一五"规划中，年均 GDP（国内生产总值）增长率预期目标为 7.5%；而在全国 31 个省区市"十一五"规划中，生产总值增速预期目标平均为 10.1%，最高的达 13%，最低的也为 8.5%。各省区市再向下层层分解目标，有些市县的 GDP 增速目标竟高达 15%。"十二五"期间，经济建设领域也普遍存在层层分解、层层加码的问题。这成为产能过剩、增长粗放、创新动力不足的一个重要原因，导致经济发展方式转变和可持续发展受到严重制约。另一方面，对分解困难、工作复杂、投入较大、短期难以见效的目标任务，地方各级政府的积极性普遍不高、重视不够，甚至出现层层削减的问题。这是一些地方政治、文化、社会、生态文明建设相对滞后的一个重要原因。

导致全面小康目标任务层层分解的原因是多方面的。从理念上看，这种做法未能从全国层面认识全面建成小康社会。全面小康目标是经济建设、政治建设、文化建设、社会建设、生态文明建设"五位一体"的整体目标。这一整体目标是基于对我国国情科学把握提出的一个全局性目标体系，而不是各地目标的简单加总。各地应制定符合自身实际的目标，允许存在差异和侧重。比如，推进生态文明建设要根据国家主体功能区规划因地制宜，按功能区定位设置发展目标和发展重点，不能搞一刀切。从技术上看，层层分解目标任务的做法忽视了许多发展的目标任务，如工业化、城镇化、政治建设、生态文明建设等不宜按行政区层层分解这一重要特性。

从实现条件看，层层分解目标任务的做法没有充分考虑各地的具体情况和功能定位。资源环境禀赋不同、产业结构不同、社会文化差异等因素决定了各地发展水平和要求不同，反映在全面建成小康社会上就是建设的目标、重点、措施必然存在差别。如果像一些地区那样，不顾本地资源环境条件和发展基础，盲目给政策、上项目、压任务，最终反而会削弱可持续发展能力。因此，全面建成小康社会必须考虑各地的实际情况，不可能实现完全同步，也没有统一的模式。各地应充分发挥比较优势，因地制宜。如东部地区应在保持自身特色的基础上，增强创新优势，率先实现全面小康，为其他地方提供经验，发挥示范带动效应和辐射作用；西部地区、民族地区、贫困地区则需要制定适宜发展目标，重点抓好基础设施和生态环境建设，积极发展特色优势产业，推进重点区域开发，而不能不顾实际盲目冒进、竭泽而渔。

从根本上说，层层分解目标任务的做法是由片面政绩观和不合理的考核体系造成的。政府的政绩观是政府对行政业绩的观念和认识，对政府的行政方式、政策选择具有重要影响。政绩考核体系则是政绩观的具体体现。层层分解目标任务做法的出现，表明适应科学发展观和全面建成小康社会要求的政绩观和考核体系还没有完全建立起来，目前的政绩观和考核体系中 GDP 偏向依然比较严重，地方政府在推动发展中重产出轻消耗、重数量轻结构、重速度轻质量、重经济建设轻社会建设和生态文明建设等问题依然存在。这就要求全面深化改革，尽快形成与科学发展观和全面建成小康社会相适应的科学政绩观和考核体系，引导各地正确理解和科学认识全面小康目标，纠正层层分解目标任务等不良做法，扎扎实实推进全面小康社会建设。

（作者单位：国家行政学院经济学部；

《人民日报》2015 年 2 月 11 日）

制度是用来信任和执行的
不是用来迷信和"买单"的

辛　鸣

现在，社会上有些人不管碰到什么问题，总要归结到制度体制上，"体制障碍""制度缺陷"成了他们推脱责任的挡箭牌。崇尚制度、相信制度是对的，这也是现代社会文明进步的标志，但崇尚不能变为崇拜，相信不能变为迷信。动辄就把制度当作"替罪羊"，是在推卸作为制度主体的人的责任，指望制度包打天下更是不切实际的懒汉思维，在实践中不利于制度建设。

古语讲"徒法不足以自行"，制度同样如此。任何制度要起作用、要发挥功能，都离不开作为制度主体的人的参与配合。没有相应的制度意识及社会氛围，没有人的接受、认同、遵循，制度就是一纸空文，就是没牙的老虎。这些年，我们的制度制定了不少，从宏观的基础性制度到微观的条例章程，大到国家社会层面的制度安排，小到邻里家庭的公约守则，可谓涉及方方面面，但许多制度作用的发挥并不尽如人意，有些制度甚至名存实亡。制度哲学把这种现象叫"制度空转"：看起来制度在那里努力地做功，但就是对现实社会产生不了影响，因为没有人在意它、维护它，更没有人遵守它。

也许有人会说，制度就是刚性规范，只要我们把制度内容写得明明白白，把制度条文定得没有漏洞，做到科学严密，怎么会有人敢公然挑战制度的权威？从道理上讲，此话不假，但就制度运行的历史与现实来看，这实在是一厢情愿。

其实，人与制度的博弈贯穿人类社会制度演化的全过程。在遵守制度中对付制度，在既定制度框架下琢磨趋利避害的策略，运用正当合法的程序让制度变革导向有利于自己的轨道等等，这些行为都是现实社会中制度演化运行的常态。我们经常听到的一些民间俗语，像"上有政策，下有对策""见了黄灯赶快走，遇到红灯绕着走"等等，其实就是对客观存在的人与制度博弈关系的形象表达。

退一步讲，就算人们主观上真想不折不扣遵守制度，不去打什么"擦边球"，不去刻意"钻制度的空子"，也会发现制度事实上是有"边"的，制度不可能没有"空子"。所谓制度，"制"是边界，"度"是空间。任何制度都有它的适用范围、所属领域，越出边界就不起作用，也起不了作用。比如，制度可以规范人们的行为、协调人们的利益关系甚至确定人们的地位高下，但面对人们的偏好、感情、信仰等这些"超理性"的问题只能保持沉默，硬去干预反而会添乱；又如，不能用美国法律管制中国事务，也不能用党纪要求普通群众，明朝的尚方宝剑斩不了清朝的官等。这些都是制度常识。

至于"度"，更是制度的本质属性。制度可以细化，但不可能无限细化。即使把制度设计得再严密、把制度的篱笆扎得再紧，制度的自由裁量空间依然存在、也必须存在。遵守制度时选择上限还是下限，偏左一点还是靠右一些，不同的选择会产生不同的制度绩效。类似的行为累积起来，天长日久，结果就会有天壤之别。

制度是有成本的，制度的实现需要消耗资源，需要配套条件，如果所有这些投入超过该制度所能产生的绩效，这一制度就会得不偿失；还有，制度必然烙有深深的时代印记，超越社会发展阶段"早产"或滞后社会发展阶段"赖场"都会给社会带来闹剧以至悲剧；至于说制度异化，更是制度的一大隐痛，最为大家所熟悉的例证就是"潜规则"。当现实生活中"潜规则"大行其道、受人追捧，"显规则"退隐式微甚至遭人耻笑时，制度就走向了自己的对立面。

为了解决这类问题，制度经济学把意识形态引入制度，并作为制度的重要组成部分。很多人对此不理解。制度是明明白白的条文规则，意识形态是看不见摸不着的观念思想，怎么能把风马牛不相及的两者合到一块？其实，这是对制度运行及其发展规律的深刻认知。制度是看得见的意识形态，意识形态是看不见的制度。有了对制度权威的认同，就会从心所欲不逾矩；

有了对制度价值的共识，面对制度的自由裁量空间就不会"过"也不会"不及"，甚至当碰到制度不完善或有缺陷时还会按照制度的价值导向自觉救场补台。

指出制度的局限及其困境，绝非贬低制度、不信任制度，而是为了消除迷信、走出误区，还制度以本来面目，给制度以准确定位，让制度做它该做和能做的事。只有这样，才能真正建设好制度、发挥好制度的作用。我们应把制度变革与发展看作一个大的系统工程，既重视作为制度客体的规则内容的科学化，也关注作为制度主体的人的意识培育，还要营造崇尚制度的社会氛围。三管齐下，各司其职，相得益彰，制度建设才能取得明显成效。

（作者为中共中央党校教授；《人民日报》2015 年 2 月 17 日）

全面深化改革仍需摸着石头过河

李　周

改革开放没有现成模式可以照搬，必须采用实践、认识、再实践、再认识的方法论。为了便于亿万人民理解，邓小平同志将这种方法论形象地概括为"摸着石头过河"。但是，一些学者仅从表层理解这句具有深刻含义的话，并加以质疑。

质疑之一：过河的办法很多，可以走桥，可以坐船，摸着石头过河岂不是蛮干、瞎撞吗？这种质疑貌似有理，其实并不成立。之所以强调摸着石头过河，正是因为没有现成的桥和船。

质疑之二：改革已经进入深水区，摸着石头过河的方法已经不适用了。其实，对于深水区，探索者借助于"潜水装备"同样可以摸索，深水区并不是摸着石头过河的障碍。

质疑之三：改革已进入系统联动阶段，采用摸着石头过河的方法会顾此失彼。诚然，改革的关联性和系统性会随着改革深化而增强，但摸着石头过河仍然是将改革的顶层设计付诸实践的有效方法，仍然是认识问题、解决问题的基本举措。

质疑之四：摸着石头过河的方法与我国日益提高的国际地位越来越不相称。其实，摸着石头过河是用最通俗易懂的语言概括马克思主义方法论。将其视为当初难以作出顶层设计情形下的权宜之计，显然没有理解这一概括的真谛。

此外，还有人以循表夜涉、刻舟求剑这两个典故，批评摸着石头过河的方法论是机械的、孤立的、静止的经验主义。这同摸着石头过河的正确含义更是风马牛不相及。

实际上，摸着石头过河是具有中国特色、合乎渐进式改革要求的方法论，也是改革探索的一般方法。这个方法论在整个改革进程中都行之有效，不会过时。其中，"河"是改革拟解决的问题，"摸"是认识，"石头"是实践和实际情况。摸着石头过河的过程，也就是实践、认识、再实践、再认识的过程。面对一条陌生的河，又没有船、桥可供利用，摸着石头过河显然是最可行和最安全的办法。其实，不仅在没有船、桥的情形下需要摸石头，修桥、造船也需要摸石头。预先不做调研，就造不出合适的桥和船。

摸着石头过河的方法论有四层含义：第一，谨慎地探寻改革路径。事先不做以不变应万变的决定。第二，局部先试，成功后再推进，以免因情况不明、举措不当引起社会动荡。第三，改革红利分享者与改革主体相统一。形成我要改革而不是要我（或替我）改革的格局。第四，实践是检验真理的唯一标准。

摸着石头过河的改革具有明确的方向。我们正是采用这种方法积小胜为大胜，探索建立了社会主义市场经济体制，开创和发展了中国特色社会主义，取得举世瞩目的成就。摸着石头过河的成功绝不是偶然的。它一方面强调因时因地制宜进行改革实践，在实践中获得真知；另一方面通过行动、认知、修正行动、再认知的过程凝练改革理论，使之能够解释越来越多的现实，而不是固守已有理论。

坚持摸着石头过河与加强顶层设计并不矛盾。改革是一个上下互动、互为补充的过程，既需要摸着石头过河，也需要顶层设计，二者缺一不可。正确认识和处理二者之间的关系，正是全面深化改革应把握的重大关系之一。

顶层设计是自上而下地协调各种关系，强调高层的作用；摸着石头过河是自下而上地开展改革探索，强调基层的作用。顶层设计是战略思维和宏观设计，其特征是：系统性，以系统工程的方法推进经济、政治、文化、社会、生态文明等各领域改革；整体性，从整体上把握改革开放进程；协同性，注重制度、政策的配套和衔接，防止各自为战、相互脱节、相互冲突。摸着石头过河是战术思维和微观设计，其特征是：实践性，从实践中认识问题和解决问题；渐进性，按照先易后难的策略推进改革；探索性，通过探索获得真知、认识规律、创新理论。

加强顶层设计和摸着石头过河是辩证统一的。加强顶层设计是在新的历史起点上全面深化改革的必然要求，能够极大提高改革决策的科学性、增强改革措施的协调性。所以，摸着石头过河应在加强顶层设计的前提下进行。摸着石头过河可以大大降低改革的风险与成本，确保顶层设计切合实际并与时俱进。所以，加强顶层设计应在摸着石头过河的实践基础上谋划。

（作者为中国社会科学院农村发展研究所所长；
《人民日报》2015 年 4 月 9 日）

集中力量办大事的优越性不容否定

彭才栋

　　中国特色社会主义事业之所以能取得举世瞩目的成就，发挥集中力量办大事的优越性无疑是成功秘诀之一。但有人对其心存疑虑，甚至进行负面解构：认为大事有好事和坏事、对事和错事之分，集中力量办大事可能导致集中力量办坏事、办错事，因此集中力量办大事是优势还是劣势就成了疑问；认为集中有民主集中与专制集中之分，只有民主集中才能保证办好事，于是集中力量办大事的优越性就成了悬案；认为大事的数量有限，经济社会发展中更多的是与每个人切身利益相关的小事，因此集中力量办大事的优越性是有限的。甚至有人断言，集中力量办大事导致权力高度集中，虽有解决重大个案问题的优势，但不利于国家和社会系统治理，可能带来官僚主义、贪污腐败、分配不公、道德滑坡、干群关系和劳动关系紧张等问题，弊大于利。这些言论轻率地贬损我国的制度优势，对中国特色社会主义事业健康发展产生了一定干扰，需要予以辨析和澄清。

　　关于大事有限的认识，显然是片面的。真正的大事数量虽少，但对全局发挥着关键作用；办不好此类大事，绝大多数小事就无从谈起。关于集中方式的问题，我国宪法明确规定，中华人民共和国的国家机构实行民主集中制的原则。实行民主集中制，不仅是中国特色社会主义的制度特点，而且是中国共产党的制度优势。至于把当今社会的一些矛盾和问题归咎于权力高度集中和集中力量办大事，则是武断的推理和混淆视听的说辞。应当明确，权力的适当集中并不必然导致缺少制约。只有缺乏民主和监督的权力才会为所欲为，陷入腐败的泥潭，而这与中国特色社会主义制度的性质和党的宗旨是格格不入的。

对集中力量办大事优越性的负面解构，其实是一种模棱两可的思辨、一种丧失历史方位感的泛泛之谈。在全球综合国力竞争空前激烈的形势下，我国作为发展中国家，如果不集中力量办好大事，就不可能办好绝大多数小事；如果不集中力量，就根本办不成大事。例如，工业化就是这样的大事。近代以来，工业化是实现国家富强、民族振兴、人民幸福的头等大事，而这个头等大事必须集中力量来办。

工业化客观上需要集中力量办大事。这不仅是生产社会化的一般要求，而且是工业化起步较晚国家因面临特殊环境而产生的特殊要求。生产社会化既表现为生产集中化，也表现为社会分工精细化。生产集中化，一定意义上就表现为集中社会力量发展生产。社会分工精细化，要求生产组织化，同样需要集中力量。现代西方经济学也承认，由于存在垄断、外部性、公共物品和不完全信息等因素，经济运行中存在市场失灵现象。解决市场失灵问题，有时就需要集中力量办大事。

工业化起步较晚的国家尤需集中力量办大事。随着工业的不断成熟、世界市场的瓜分完毕和资本的全球扩张，工业化起步较晚的国家面临严峻的内外部环境，已不可能完全靠市场自发作用实现工业化，而必须具有强大的组织动员能力，集中力量推进工业发展。

我国工业化的推进仍需集中力量办大事。我国作为世界上最大的发展中国家、社会主义国家，具有集中力量办大事的优势和传统。同时，我国面临的国际环境更为严峻复杂，特别是随着我国发展逐步接近世界前沿，一些重大核心技术和关键装备是买不来的，靠市场自发的力量是搞不起来的，必须发挥集中力量办大事的制度优势，推动工业化不断迈上新水平。

（作者单位：中国社会科学院政治学研究所；《人民日报》2015 年 5 月 7 日）

让政绩考核的指挥棒更科学更有效

李卫华

科学合理的政绩考核，能够引导领导干部增强对公众负责、增进公共利益的职责意识。政绩考核是指挥棒，对于干部任用、政策落实、制度执行乃至治国理政目标的实现都具有导向作用。政绩考核的标准和方法，决定公职人员尤其是领导干部职务行为的目标定位和价值取向。

以前，各地以 GDP 为主要指标进行政绩考核，有效推动了经济发展。但也出现了唯 GDP 倾向，"以 GDP 论英雄"等问题造成了许多负面效应：有些干部以增长代替发展，忽视民生改善与社会和谐；有些地方大搞"政绩工程""形象工程"，严重浪费资源、损害环境。因此，党的十八届三中全会《决定》提出，"完善发展成果考核评价体系，纠正单纯以经济增长速度评定政绩的偏向"。2013 年 12 月中央组织部发布《关于改进地方党政领导班子和领导干部政绩考核工作的通知》，从政绩考核导向、考核评价指标、政绩考核内容、责任追究等多个方面改进领导干部政绩考核标准，建立全面完善的政绩考核体系。这些理念和举措使 GDP 不再是政绩考核评价的唯一指标，选人用人不再是简单地以 GDP 增长率论英雄，提高了政绩考核的合理性。

然而，一些地方又出现了另一种偏向，把许多非常微观具体的事务都纳入政绩考核体系。有人形容说，"政绩考核是个杂货铺，什么都能往里放"。这种说法虽然有些夸张，却反映了一些地方政绩考核体系的不规范不科学。纳入政绩考核的内容过多、过泛，就会导致政绩考核标准矮化、泛化，导致政绩考核"走过场"。"杂货铺"式的政绩考核指标设定，抓不住经济社会发展中的主要矛盾和问题，偏离政绩考核的初衷，难以选拔出真正德才兼备的好干部；也偏离政绩考核的价值引导功能，容易使干部队伍滋生浮躁情绪。

无论唯GDP倾向还是"杂货铺"式做法，都反映了政绩考核体系设置不够科学和严谨。那么，如何确立科学合理的政绩考核体系呢？首先，应明确政绩的内涵。政绩，顾名思义就是为政之绩，主要体现为落实政策、实施法律、维护公共利益等的成绩、功效，据此来评价领导干部的努力程度和工作成效。其次，应明确政绩的要素，即政绩考核主要针对哪些事项。唯GDP倾向把政绩要素范围过多限定于经济事务，而"杂货铺"式做法则把政绩要素过度泛化。"政"是"众人之事"，政绩就是治理、操持众人之事的成绩。"众人之事"简单地说就是公共事务。因而，政绩考核必须抓住事关公众利益的重点事项进行科学合理考核，不能"眉毛胡子一把抓"。第三，应明确政绩考核的差异化原则。对不同部门应设立不同考核标准，以其核心工作为重点，兼及地区发展总体目标。比如，对农产品主产区和限制开发的重点生态功能区，分别实行农业优先和生态保护优先的绩效评价；对禁止开发的重点生态功能区，着重考核自然资源、生态环境保护情况。这样的政绩考核才符合实际，才能把党和国家的政策落实下去。第四，应明确政绩考核的主体。政绩考核虽然一般由上级组织部门具体操作，但决不能忽略人民群众这一主体。应通过民意调查、群众投票等途径获悉更多民意，还应吸纳专家学者以及第三方专业机构提供绩效评估意见。这样，综合上级组织、人民群众和第三方专业机构的多方考核，形成对干部政绩的综合评价，就能确保政绩考核的全面、科学、客观、公正。

（作者单位：华东政法大学政府法治与理论法学研究所；《人民日报》2015年7月10日）

大数据时代政府岂能落后

翟　云

　　数据是基础性资源，也是重要生产要素。大数据与云计算、物联网等新技术相结合，正在迅疾并日益深刻地改变人们的生产生活方式。在大数据时代，对于政府来说，一方面应承担起引领、推动大数据产业发展的使命；另一方面应建设政府大数据，实现政务数据资源的公开和共享。

　　然而，一些人对建设政府大数据还存在模糊甚至错误认识。这主要表现为两点：一是认为政府部门不存在大数据，具有权威性和高价值的政府数据不符合大数据"规模大、形态多、变化快、价值低"的特点；二是政府部门不需要大数据，产业界和应用行业是大数据的发起者和淘金者，大数据对政府工作没有太大价值。这两种观点拘泥于形式化定义，并未深刻认识到大数据对建设现代服务型政府、智慧型政府以及服务社会民生的重大意义。

　　建设政府大数据、实现政务数据资源共享是助推国家治理现代化的一种技术路径，它具有催生国家治理模式创新的效果，将给国家治理带来路径突破和机制创新。

　　运用大数据能够提高政府决策和管理水平。现实中，一些领导干部凭经验说话、拍脑袋决策的现象时有发生。这种不符合规律的乱决策常常导致政策在实施过程中与实际情况和群众需求脱节，无法取得预期效果。构建政府大数据库，能够帮助决策者全面了解、准确掌握所需信息，研判发展趋势，提高决策效率和决策质量，从而提高决策科学化、民主化和现代化水平。同时，大数据具有催生思维变革、治理创新的效果，利用大数据能够帮助政府用新的思路和手段解决交通、医疗、教育等公共问题。通过对海量数据的挖掘与分析还可以更好地提供信息等公共服务，助力大众创业、万众创新。因此，政府应正视大数据时代潮流，主动抓住大数据带来的发展机遇。

树立大数据思维，积极主动融入大数据时代。应深刻认识大数据的战略资源地位，顺应大数据发展潮流。转变传统的经验思维和习惯思维，勇做大数据时代的弄潮儿，务实创新，率先垂范，带头开放数据、共享数据、开发数据，构建用数据说话、用数据决策、用数据管理、用数据创新的机制，积极运用大数据进行形势分析、问题研判、精细管理、服务创新。

加强顶层设计，制定大数据发展战略。制定和实施政府大数据发展战略规划、行动计划，明确政府大数据的发展目标、发展策略、发展布局、重点任务和保障措施。成立政府大数据管理机构，统筹数据管理工作，构建国家数据开放平台，形成政府大数据资源。规范国家大数据标准化体系，明确政府部门开展政务数据资源共享工作的权、责、利，加快政府部门数据资源开放进程。研究政府数据开放的内容、机制、程序、途径，逐步完善非涉密信息开放机制。积极探索市场开发模式，鼓励社会力量参与政府数据资源的深加工和再利用，把政府大数据转化成社会财富。

推动政府数据资源共享立法，保障大数据安全。大数据的本质是基于互联网的数据开放共享、互融互通。建设政府大数据，应在保障数据安全的前提下，分层次有序地向企业和社会开放数据。推动政府数据资源共享立法，是保障数据安全的必要之举。以法律的形式明确各级政府部门公开政务数据资源的时间、范围、方式等，确立"政务数据资源共享是常态，不共享是特例"的法律原则。在保护国家秘密、商业秘密、个人隐私的前提下，规范推进政务数据资源跨部门跨地区跨层级共享，增强政府透明度，满足社会需要，推动大数据产业发展。

（作者单位：国家行政学院电子政务研究中心；

《人民日报》2015 年 7 月 20 日）

国家治理现代化不是西方化

陈　厚

党的十八届三中全会《决定》提出的"国家治理现代化"命题引起广泛反响，专家学者和各界人士普遍认为：国家治理现代化的提出，既是对我国现代化建设成功经验的理论总结，也是对新形势下我国经济社会发展所面临问题和挑战的主动回应；既是坚持和发展中国特色社会主义的必然要求，也是实现社会主义现代化的题中应有之义。但也有人认为："国家治理""现代化"等概念和理论都来自西方，因此，我国国家治理现代化的方向就是西方化。对这种错误观点需要科学辨析、正本清源。

毋庸讳言，西方国家在现代化和现代国家治理上起步较早，形成了一些规律性认识和有益成果。我国在推进改革开放和社会主义现代化建设过程中，也吸收借鉴了西方国家的一些先进技术和管理经验。但正所谓百里不同风、千里不同俗。中西制度不同、历史传承和文化传统各异，因而实现国家治理现代化的路径也不会一样。具体来说，我国与西方的国家治理现代化主要有以下三方面不同。

基本制度设计不同。我国是作为一个历史悠久、经济基础薄弱的农业大国走上现代化和现代国家治理之路的。由于独特的历史传承、文化传统、基本国情，中国人民在经历多次"试错"、付出巨大代价后，最终选择了中国特色社会主义道路，确立了中国特色社会主义制度，建构了不同于西方的国家治理体系。党的领导、人民当家作主、依法治国有机统一，是中国特色社会主义在制度设计上坚持的基本理念。这与西方国家的制度设计存在本质差异。实践一再表明，中国特色社会主义道路是当代中国发展的"人间正道"。当前，我们推进国家治理体系和治理能力现代化，是为了坚持和完善中国特色社会主义制度，而不是削弱、改变或放弃这一制度。在实现国家治理现代化进程中，我们应吸收和借鉴人类文明的一切有益成果，但绝不能照搬西方的制度模式和发展道路。在坚持和拓展中国特色社会主义道路、坚持和完善中国特色社会主义制度这一根本问题上，我们要有主张、有定力。

核心领导力量不同。中国共产党的领导是中国特色社会主义最本质的特征，是我国实现国家治理现代化最根本的保证，也是区别于西方国家治理最鲜明的特色。把党的领导贯彻到国家治理的全过程、各方面，是我国社会主义现代化建设的一条基本经验。这既有历史的依据，也是现实的要求。而在大多数西方国家，政党与国家的关系是松散、间接的，政党的背后是资本的力量，垄断资本是国家治理结构与治理体系的主导力量。在中国特色社会主义制度下，我们党的路线方针政策直接影响国家发展和民族前途，坚持党的领导是全国各族人民利益所在、幸福所系。这既是我国的治理结构迥异于西方的关键所在，也是我们实现国家治理现代化的独特优势。进入新世纪，正是在我们党的坚强领导下，无论在发展经济、改善民生、抵御风险方面，还是在扩大就业、完善社会保障、推动科技创新方面，我国的国家治理都显示了明显的优越性，展现了党的领导在国家治理现代化中的基石地位。

思想道德基础不同。推进国家治理现代化，不仅需要完善制度体系、提高制度执行能力，而且需要通过核心价值观有效整合社会意识、引领社会思潮。社会主义核心价值观是社会主义意识形态的本质体现，在所有价值目标中处于统领和支配地位。它规定了我们在国家层面所要实现的价值目标、在社会层面所要选择的价值取向、在公民个人层面所要坚持的价值准则，为推进国家治理现代化提供了思想道德基础。社会主义核心价值观建立在爱国主义、集体主义基础上，与西方国家建立在个人主义基础上的核心价值观根本不同。培育和弘扬社会主义核心价值观，是我国社会系统正常运转、社会秩序有效维护的重要基础，也是推进国家治理体系和治理能力现代化的必然要求、根本保障。

（作者单位：武汉大学经济与管理学院；

《人民日报》2015 年 7 月 28 日）

基层民主协商不仅仅是"协商"

陈 朋

当前，在基层民主协商实践中，民主恳谈会、民情通报会、社区议事会等蓬勃开展，成为基层民主建设的一道亮丽风景。但实践中一些人认为，基层民主协商就是开情况通报会、通气会、发布会；一些人认为，基层民主协商就是让参与者发表意见、表达看法，给群众提供一个发声的机会；有的地方重视协商平台建设，却忽略协商机制优化，表面上热热闹闹，但实际成效甚微。这些现象实质是将基层民主协商简化为"协商"，以为只要有了协商就是基层民主协商。果真如此吗？答案是否定的。

协商民主是我国社会主义民主政治的特有形式和独特优势。党的十八大以来，中央多次提出，要完善协商民主制度和工作机制；开展形式多样的基层民主协商，推进基层民主协商制度化。基层民主协商是在党的领导下，基层干部群众、各阶层代表等围绕基层公共事务或共同关心的问题，以合适的方式依法依规进行协商讨论，形成共识并尽可能作出决策，进而维护和发展整体利益。基层民主协商是基层民主实践的常见形式，也是基层治理的重要载体。但基层民主协商不是协商了就了事，协商只是其重要内容之一，而不是全部，狭隘理解不利于基层民主协商健康发展。实际上，基层民主协商包括理性沟通、偏好转换、达成共识和促进决策等内容。

理性沟通是基层民主协商的基础。民主协商离不开沟通。一些地方着力搭建沟通平台，推动群众参与公共事务讨论，在一定程度上激发了群众参与民主协商的积极性、主动性。但由于只看到协商的外壳而忽略了理性沟通的内核，在热闹参与的背后，是理性沟通较为匮乏的现实。理性是人类政治文明的精髓之一。"有理"固然不一定走遍天下，但"无理"注定寸步难行。

崇尚理性是基层民主协商健康发展的重要基础。仅有协商而无理性沟通，哪怕发表的意见、表达的看法再多，也不是真正的民主协商。

偏好转换是基层民主协商的重点。多元化的社会必然具有多样化的需求偏好。尤其是在经济社会转型期，人们的思想观念、价值取向、行为方式都表现出明显的差异化特征。从一定意义上讲，这正是开展基层民主协商的重要原因。偏好转换之所以重要，是因为它能够促进协商主体在平等氛围中，通过理性表达、沟通和讨论，求同存异，寻求最大公约数。浙江温岭的民主恳谈会、江苏南京的农民议事会、四川遂宁的社会稳定风险评估等，都是近些年出现的鲜活例子。实践表明，"通报、发布"只是一种单向的意见传达，基层民主协商需要的是双向互动。缺乏不同意见的交流碰撞和偏好转换，就不是真正意义上的基层民主协商。

达成共识是基层民主协商的核心。基层民主协商的核心在于，引导协商主体围绕公共议题或利益相关问题，通过交流沟通，深化认识、达成共识，形成各方都能接受的方案。实践表明，不能达成共识的民主协商没有意义，也没有生命力。如果将基层民主协商仅仅看作是让参与者发表意见、表达看法甚至发泄情绪，那就是对民主协商的一种扭曲。从一些地方的实践来看，成功的基层民主协商基本是在充分协商的基础上实现了偏好转换，进而达成共识。能不能达成共识，成为检验基层民主协商科学规范与否的重要标准。

促进决策是基层民主协商的取向。党的十八届三中全会《决定》提出，在全社会开展广泛协商，坚持协商于决策之前和决策实施之中。这说明，基层民主协商与决策之间具有较强的逻辑关联。人民当家作主的政治制度、群众利益根本一致的政治基础以及"和为贵"的政治文化传统，孕育了基层民主协商崇尚合作、达成共识、促进决策的价值理念和目标追求。人民群众参与民主协商，当然希望能达成共识、促进决策。如果仅仅将基层民主协商看作信息通报、意见表达，这样的协商沟通再多也仅仅是情绪的宣泄场、意见的收集箱。

（作者为中共江苏省南通市委党校副教授；

《人民日报》2015 年 8 月 4 日）

法治与政治辩证统一

赵忠龙

我们党提出全面依法治国以来，人们愈来愈关注法治建设并纷纷为之点赞。但也有人在这个问题上存在模糊认识，比如认为提倡法治就要弱化政治，讲政治与讲法治是矛盾的。这样的观点是错误的。理论和现实都表明，法治当中有政治，没有脱离政治的法治，法治与政治是辩证统一的。

法律本质上是一种政治措施。法律是法治的前提与基础。究法律之本质，它同政治一样是从人们的"经济生活条件、从他们的生产方式和产品交换方式中引导出来的"，是统治阶级意志的体现。统治阶级为了维护自己的统治，需要以法律的形式表达和贯彻自己的意志、维护和实现自己的利益。因此，法律从产生之日起，本质上就是一种政治措施，属于上层建筑范畴。

法治与政治存在共生性。法治意为法律的统治，核心是通过良法实现善治，实现权力的有效制约与权利的可靠保障。政治是权力主体在管理国家公共事务中，以政治权力为核心展开的各种社会活动和社会关系的总和。现代政治的主要表现形式是民主政治，强调对公民权利的保护，其主要途径就是实行法治。因此，就法治与政治的实质而言，二者存在共生性。法治存在的一个重要目的，就是保证民主政治顺利运转。

政治为法治提供依托和环境。法治总是同一定的政治制度相联系，没有脱离国家和政治制度的法治。法律存在的重要实体依托是国家及其组织机构，是对国家政治制度和政治关系规范化、法治化的表达，政治变化会引起法律的相应调整。正如马克思所言，一切共同的规章都是以国家为中介的，都获得了政治形式。西方学者也直言不讳："法律的苍穹不是独立的，它建立在政治的柱石之上，没有政治，法律的天空随时可能坍塌。"政治还为法治的实现提供环境。试想，在一个政治动荡、社会混乱的国家，怎么可能有法治？可见，法治建设依赖于政治文明的发展与政治环境的稳定。

政治为法治提供方向。法律体现统治阶级的利益和意志；相应地，法治同国家的制度属性相联系。马克思说过，"一个非常重要的要求，就是任何的社会需要、法律等等都应当从政治上来考察，即从整个国家的观点、从该问题的社会意义来考察"。这就是说，不能脱离政治空谈法律，而应将法律放到整个国家的政治背景中加以考察。超越阶级的法律不存在，脱离政治的法治是空中楼阁。政治为法治提供存在的基础、载体、环境，规定其性质与方向，这就决定了法治模式包含政治逻辑。但应注意，这是就法治同政治的密切关系而言的，并不意味着政治与法治可以互相代替。不能因为政治同法治紧密联系，就将政治等同于法治，用政治的方式处理法律问题；也不能因为要保持法治的独立性，就否认其同政治的紧密联系。

党和法的关系是政治和法治关系的集中反映。建设中国特色社会主义法治体系，建设社会主义法治国家，将党的领导、人民当家作主和依法治国有机统一起来，这是我们党正确把握政治和法治关系得出的规律性认识。党的领导是根本保证，人民当家作主是本质和核心要求，依法治国是党领导人民治理国家的基本方略。依法治国，就是要通过法治的形式将党的执政地位、执政主张和人民当家作主地位通过法律加以确定并使之规范化、制度化。如果没有党的领导、离开人民主体地位，依法治国就无法落实。

（作者单位：云南大学法学院；《人民日报》
2015 年 10 月 19 日）

警惕"软政绩"酿成"硬错误"

张士海

当前，对那种热衷于抓大项目、修大马路、建大广场的"硬政绩工程"，群众已经比较了解，大部分领导干部也都"心存顾虑"，不敢率性而为了。但也有一些领导干部开始热衷于打造"软政绩工程"，如搞所谓"某某模式""某某经验"等。"软政绩工程"具有投入成本低、监管难等特点，更具隐蔽性和迷惑性，人们对其表现形式、主要危害、破解之道尚缺乏关注。因此，我们要警惕"软政绩工程"，防止"软政绩"演变成"硬错误"。

现实生活中，"软政绩工程"的表现形式多种多样。有的领导干部热衷于制造典型经验、培育典型模式，而实际工作并无太多亮点；有的领导干部热衷于把"小典型"做大，目的是制造轰动效应，以引起上级部门注意；有的领导干部热衷于借助专家学者和媒体，把自己的一些做法总结成所谓"典型经验"进行宣传，目的是提高自己的知名度，捞取"政治资本"；有的领导干部热衷于参加上级部门、单位的调研成果评选，为此不惜大做表面文章，借以获得上级领导的认可、社会公众的关注。诸如此类的"软政绩工程"，与真正形成工作亮点、总结工作经验背道而驰，其实质是为领导干部自己的升迁"造势"。

"软政绩工程"泛滥，无疑会造成巨大危害。"软政绩工程"助长了形式主义。事实上，"软政绩工程"就是一种形象工程，热衷于此的领导干部必然喜欢做表面文章、哗众取宠，其结果就是导致形式主义泛滥。如果不坚决反对和纠正这种形式主义，任其发展下去，就会腐蚀党的干部队伍，妨碍党的路线方针政策贯彻执行，败坏党风政风和社会风气。"软政绩工程"还劳民伤财。为模式而造模式、为典型而造典型，不可避免要投入大量人力、物力、财力。更严重的是，一些脱离实际的"典型经验""某某模式"一旦大范围推广，势必损害人民群众的利益。"软政绩工程"更影响党群干群关系。领导干部是体现我们党形象的"窗口"。一些领导干部热衷于制造"软政绩工程"，不真抓实干为群众谋利益，势必影响党在人民群众中的威信，破坏党的形象；势必使我们党与群众之间形成隔阂，影响党群干群关系。

习近平同志一再强调，领导干部要树立正确政绩观。这就要求我们高度警惕"软政绩工程"。消除"软政绩工程"，需要多方面协同努力。领导干部应深刻认识到，真正的政绩是为人民群众谋福利，是干出来的，不是吹出来、造出来的。只有经得起历史、实践、人民检验的政绩，才是真正的政绩。领导干部的政绩如何，应接受人民群众的监督与评判。这就需要进一步畅通渠道和路径，更好保障人民群众的知情权、参与权、表达权、监督权，加强群众对领导干部政绩的监督和评判，防止领导干部"自说自话"，避免上级部门"一锤定音"。同时，建立健全科学有效的领导干部政绩考评体系，从制度上削弱领导干部大兴"软政绩工程"的冲动。在选人用人上尤其要树立尊重实干、鼓励实干、崇尚实干的导向，在全社会大力弘扬真抓实干、埋头苦干的良好风尚，让那些只会说不会做、只会"制造政绩"不会创造政绩的投机取巧之人没有市场。

（作者为山东大学政党研究所副所长、教授；

《人民日报》2016 年 1 月 21 日）

坚持和发展人民民主有理有据有效

林尚立

民主的研究与思考可从两个维度展开：一是思考民主一般，即在众多民主实践和反思中抽象出民主的一般原则；二是考察一般民主，即研究不同国家具体的民主实践。这两个维度是彼此相通并互为基础的。当下，一些受西方"经典"民主模式影响的人产生了这样的疑问：中国的人民民主是不是真正的现代民主？如果是，西方的"经典"民主模式又该算什么？如果不是，中国为什么能在经济、政治、文化、社会等方面实现快速发展，让十几亿中国人过上了自主、平等和温饱无忧的小康生活？回答好这些问题，对于我们坚持和发展人民民主至关重要。

对习惯于西方"经典"民主模式进而形成刻板印象的人来说，这一疑问也许是个大难题；但对努力自主建构现代民主的中国人而言，它却不是一个真问题。因为中国人尤其是中国共产党人，一直从真正意义上的民主一般来把握中国实践和发展民主的路径与方式，而不是将西方创造的民主模式套用于拥有五千多年历史的文明中国。在把握民主一般中，中国基于自身的实践探索与理论反思，选择了马克思、恩格斯基于人类文明发展规律所提炼出来的民主理论，力图从更为彻底和全面的民主原则出发，建构符合中国实现人民解放、民族独立和国家现代化要求的民主形态。可见，从根本意义上讲，具有中国特色的人民民主（中国民主）是人类文明发展的产物，体现了人类社会发展的内在要求和基本方向。

中国民主以"人民本位"的民主理论为依据。一些人对中国民主的种种疑惑，主要源于无法真正认识到中国民主实践背后的理论依据与价值追求。中国民主所依据的是马克思主义以人民为本位的民主理论，而西方民主则以"个体本位"为理论基础。马克思主义认为，西方出现"个体本位"的自由主义民主具有历史必然性。西方近代历史发展以个人独立为前提，在发展出市场经济的同时，也孕育了"个体本位"的自由主义民主，并由此开启了人类现代民主化进程。但是，这并不意味着人类的民主发展只能有西方一种模式；否则，人类文明发展就走到了历史的尽头。

西方"个体本位"自由主义民主具有片面性。马克思指出，这种"个体"是基于人与物分离而形成的，是以资本雇佣劳动、进而驾驭每个人的活劳动为现实基础的；"个体"在政治和法律上的自主，是与劳动上的不自主和经济上的不解放相伴而生的。只有当人们全面掌握了生产资料，在经济上获得解放，"个体"才能真正为自己作主。因此，马克思认为，个人的真正独立和自主需要一个重要政治前提，即全社会的生产资料最终归联合起来的全体人民所有，从而使劳动在经济上获得解放，人民因此真正获得为自己作主的经济和政治基础。马克思主义阐释的这个政治逻辑，决定了在现代化和民主化过程中，"个体"为自己作主的努力必须与争取"人民"为自己作主的努力相伴而行，并以后者为前提。因此，当今世界各国的民主发展都面临一个基本问题：如何使人民真正成为推动人与社会全面发展的主导力量，进而以人民整体为国家和社会作主来保障每个人为自己作主？

中国民主以实现和保障人民当家作主为出发点和归宿。中国的社会、历史与文化基础，决定了中国现代民主建构不可能从"个体本位"出发。中国的现代民主建构确立在"人民本位"基础上，以实现和保障人民当家作主为出发点和归宿。经过长期的探索和实践，中国的人民民主形成了自己的价值系统、组织系统和制度系统，并与整个国家的经济、政治、文化、社会现代化融为一体。特别是随着社会主义市场经济体制的建立和完善，"人民本位"的人民民主在坚持人民主体性的同时，为个体自主提供了经济基础、社会条件和法律保障，从而使中国民主走上了以人为本、以人民为主体、以实现人的全面发展为使命的发展道路，创造了选举民主和协商民主并用的人民民主实现形式。

可见，人民民主是马克思主义民主理论与中国实践相结合的产物，既有一脉相承的理论逻辑支撑，也有扎实的中国实践支持；它理论上符合人类文明发展规律，实践上契合人类社会现代化、民主化趋势。中国的人民民主是理论有根、实践有据、运行有效的民主，我们要坚定这种自信。

（作者为上海市中国特色社会主义理论体系研究中心特约研究员；《人民日报》2016 年 5 月 17 日）

坚决抵制西方意识形态渗透

任 勇

人们对于格鲁吉亚、乌克兰、吉尔吉斯斯坦等一些国家发生"颜色革命"的原因有不同说法，但一个不可忽视的因素是新闻媒体起了重要作用。

苏联解体后，一些新独立的国家非常重视所谓"新闻自由"，不仅制定了禁止出版检查的法律条文，而且对新闻媒体管理由原来的批准制改为登记制，私营媒体获得巨大发展空间，尤其是为西方国家投资和支持的新闻媒体扩张提供了条件。例如，美国政府曾公开宣布在吉尔吉斯斯坦建立多个"民主资讯中心"，以协助当地发展所谓"独立媒体"。这些媒体一方面鼓吹西方民主自由，另一方面热衷于制造和传播本国领导人和执政当局的各种负面新闻，并对经过精心包装的反对派的政策主张进行大力宣传，提升其在民众尤其是年轻人中的影响力。

同时，这些国家的新闻媒体深受西方国家的影响。美国的一些非政府组织进入这些国家，并经常组织所在国媒体人员到美国参观考察，还提供大量经费。这样，就培养出一批亲西方的媒体，它们在关键时刻积极为西方国家的观点主张提供传播平台。例如，当时在吉尔吉斯斯坦议会选举期间，美国支持的阿扎特克电台大力宣传反对派和西方的观点，为政权更迭制造舆论。与西方国家丰裕资金支持的新闻媒体相比，这些国家的官方媒体财政困难，人力、物力、资金和技术设备等都处于劣势，在民众中的影响力越来越弱，逐渐被边缘化。一旦国家政权发生重大危机，这些媒体很难发出有效的正面声音，丧失了舆论主导权和话语权。

总体上看，"颜色革命"发生发展遵循着以下过程：先是执政党或亲政府党派在总统或议会选举中取得优势，但在西方势力支持下，反对派或在选举中暂时联合起来的反对派联盟拒不承认选举结果，并将选举失利归咎于政府在选举中舞弊。随后，反对派利用社会转型过程中积累的各种矛盾，紧紧抓住广大民众对国家发展现状不满和对西方发展模式向往的心态，在媒体大肆渲染下，借机进行煽动，组织群众示威游行，要求当局重新选举或下台。一旦政府在国内外巨大舆论压力下妥协，反对派便名正言顺地实现政权更迭。

可见，新闻媒体在"颜色革命"中起到了不可忽视的作用。一是导向作用。在"颜色革命"中，这些国家的主流媒体基本上丧失了引导能力，人们很难听到来自政府的权威声音，造成民众思想混乱和无所适从，甚至只能听从亲西方媒体的引导。二是渗透作用。美国等西方国家的非政府组织大量援助这些国家的所谓"独立媒体"，成功实现了西方资本对这些国家媒体的渗透。这些新闻媒体在西方的操纵下，利用各种方式丑化执政当局，煽动民众的不满情绪。三是传播作用。新闻媒体和互联网紧密结合，社会热点在互联网媒体上迅速发酵。例如，在 2009 年 4 月摩尔多瓦的未遂"颜色革命"中，参与者大量使用新兴媒体进行信息传播和政治动员。

回顾新闻媒体在一些国家"颜色革命"中所起的作用，可以使我们更深刻地认识我国新闻媒体的职责和使命。首先，必须坚持正确舆论导向，始终把党对新闻媒体的领导放在首位，在思想上政治上行动上同党中央保持高度一致，在关键时刻敢于发声亮剑，充分发挥主流媒体的导向作用。其次，坚决抵制西方国家的意识形态渗透，建立健全既符合我国意识形态和政治安全需要、又有利于发挥市场作用的新闻媒体管理体系。最后，高度重视新媒体作用。当前，互联网已成为舆论斗争的主战场，直接关系我国意识形态安全和政治安全。在这种形势下，要加快媒体融合发展，主动借助新媒体的传播优势，牢牢掌握舆论传播的主导权，维护我国意识形态安全和社会稳定。

（作者为华东政法大学政治学与公共管理学院副院长、副教授；

《人民日报》2016 年 5 月 20 日）

明确司法职责　规范司法行为

莫纪宏

党的十八届四中全会《决定》将规范司法行为明确为"保证公正司法，提高司法公信力"的一项重要措施，这有很强的现实针对性。许多时候，人们感到司法不公，与司法人员行为不规范密切相关。司法行为不规范是造成司法资源浪费、司法效率不高以及冤假错案的重要原因。从规范司法行为抓起，使司法机关的各项活动在制度框架内有序进行，既能推动司法活动程序化、促使司法机关和司法人员依法规范行使职权，又能让社会公众对司法机关的司法行为有稳定的预期，更好体现司法的人民性以及司法公正与效率相结合的理念。

怎样规范司法行为？从哪里着手规范司法行为？对这些问题存在不同看法。有人认为，司法行为不规范主要是由于受外界过多干扰，因而应从厘清司法机关与外界关联着手；有人则认为，应通过加强外部监督来规范司法行为。其实，纲举目张。只有明确司法机关自身的任务，才能明确其职权范围，进而确定科学合理的行为规范。因此，解决司法行为不规范问题，需要从制度源头抓起，通过顶层设计，进一步明确司法机关的职责，精准界定司法行为的法律内涵和法律界限，确保司法活动在法治轨道上有序运行。

明确司法机关的范围。解决实践中司法行为不规范问题，在制度设计上需要先解决司法机关概念的"精准"问题。如果司法机关的内涵和外延过于宽泛，就无法通过立法方式为司法活动准确划界。在我国现行宪法和法律框架内，法院和检察院属于司法机关的主体部分，但司法行政机关、公安机关等行政机关，由于其职责涉及司法程序的某些方面，往往也被视为广义上的"司法机关"。这导致在实践中被称为司法机关的国家机关范围比较宽泛，使得从制度上约束司法机关行为存在一定困难。因此，需要使司法行为主体的内涵和外延更加准确、周延，以便在制度上建立起司法机关与司法行为之间精确的权责对应关系，从而更好约束司法行为的法律责任主体。

明确司法机关的任务。法院和检察院作为宪法和法律所规定的主要司法机关，其职权任务理应由宪法和法律限定。但实践中存在多头领导和管理问题，其任务来源和任务事项多而杂，各级人大及同级党委乃至上级司法机关都会以不同方式给法院和检察院分配任务，导致其很多时候不能专心种好自己的"责任田"。对于法院和检察院来说，什么样的司法行为需要规范，是包括司法机关所有活动，还是限定为部分行为，需要继续探讨。在制度上应厘清司法机关行为的界限，围绕司法机关的法律职能来分配任务，并以任务来约束司法机关的行为，以方便法院和检察院从整体上把握司法行为，避免出现"挂一漏万"问题。

完善司法机关组织管理法律体系。现行人民检察院组织法、人民法院组织法多年没有修改，其中一些规范司法行为的措施已与现实要求不适应，法院和检察院如果严格依法办事，就会产生法律与现实脱节的问题。对此，应完善人民检察院组织法、人民法院组织法、检察官法、法官法中对检察官和法官行为的制度设计，并根据司法改革的新任务新要求作出调整。对于基层法院和检察院来说，还需要解决规范司法行为的上位法依据和规范标准问题，不能仅靠上级机关的敦促和呼吁来规范司法行为。应从保证司法公正、确保司法公信力的角度推动司法行为规范化，从实践上找到司法不公的制度源头，从理论上为司法机关进行司法行为专项整治提供明确指引。

（作者为中国社会科学院法学研究所副所长、研究员；
《人民日报》2016 年 5 月 23 日）

马克思主义仍是"时代精神的精华"

杨 云

时下，马克思主义在意识形态领域的指导地位从整体上得到巩固和增强，但社会上也存在一些模糊认识甚至错误观点。一种观点认为，作为建构于 19 世纪的一种理论，马克思主义已经过时，无法解释和解决今天的重大现实问题。当前，马克思主义在一些领域中被边缘化、空泛化、标签化，在一些学科中"失语"、教材中"失踪"、论坛上"失声"，都与这种"过时论"不无关系。扭转这种局面，就要立足于当代中国和当今世界发展的实际，有力批驳"马克思主义过时论"，同时大力发展 21 世纪马克思主义、当代中国马克思主义，使其焕发出更加璀璨的真理光芒。

马克思主义是深刻剖析当代资本主义的有力武器。一些人认为：马克思主义起源于 19 世纪，而现在已经是 21 世纪，时代条件发生了重大变化，资本主义的生产力、生产关系与社会结构发生了重大变革，马克思主义经典作家面临的时代问题已不复存在，因此马克思主义对资本主义的批判也就不再有效了。事实上，尽管存在一些"量"上的变化和变革，但当代资本主义社会的"质"并没有改变，资本主义的基本矛盾即生产社会化与生产资料私人所有制之间的矛盾并没有得到根本解决。由此决定了在当代资本主义社会中经济危机依然"阴魂不散"、贫富差距依然在加大、种族歧视问题依然存在，马克思主义对资本主义的批判依然有效。正如美国知名学者詹姆逊所指出的，马克思主义是关于资本主义的科学，既然资本主义还存在，马克思主义就不存在"过时"的问题。2008 年以来，由美国次贷危机引发并席卷全球的国际金融危机使许多资本主义国家经济陷入衰退，有的至今仍未走出危机的阴影。就此不少西方舆论指出，"现在马克思的魅力正在增加""马克思当年的预言得到了验证"。这一事实再次表明，马克思主义经典作家对资本主义的分析与预言是深刻而科学的。

马克思主义是指导当代社会主义建设的科学理论。有人把 20 世纪 80 年代末 90 年代初的东欧剧变和苏联解体归咎于马克思主义，进而将"苏联模式"社会主义的解体归结为马克思主义的失败。其实，这些社会主义国家的"改旗易帜"与马克思主义本身并没有必然联系。恰恰相反，东欧剧变和苏联解体在很大程度上是因为在这些国家执政的共产党背离了马克思主义为工人阶级与人民大众服务的根本宗旨。正如德国哲学家哈贝马斯所说的："东欧剧变和苏联的变化，并不意味着社会主义的失败。失败的只是苏联模式的'社会主义'，即官僚社会主义。在 21 世纪，社会主义仍然有着广阔的前景。"把"苏联模式"等同于马克思主义，必然误解和窒息马克思主义。还有人把马克思主义仅仅理解为一种革命理论而非建设理论，并由此得出"马克思主义无法指导现代化建设"的结论。诚然，由于客观条件的限制，马克思主义经典作家并未就共产党执政条件下的社会主义建设作出系统论述，但马克思主义的立场观点方法不仅对工人阶级革命具有指导作用，而且是我们今天进行社会主义建设的强大思想武器。只有准确把握马克思主义的立场观点方法这些最核心、最本质的东西，才能科学运用马克思主义指导解决社会主义建设中的实际问题。

马克思主义是当今世界具有强大影响力的思想体系。任何一种真正意义上的理论体系都有作为"内核"的基本原理，同时包括众多针对具体问题的观点和结论。针对具体问题的观点和结论随着时代发展和形势变化可能会过时，但一种理论是否过时，更重要的是看其核心部分、本质部分是否过时；不能因为某些具体观点和结论随着时代发展而失效了，就认定一种理论已经过时。马克思主义是一门完整严密的科学，是一个与时俱进的开放理论体系。它以全人类解放和人的全面发展为根本价值取向，为后人不断丰富和发展留下了广阔空间。马克思主义经典作家的某些论述和个别结论会因时代条件的变更而失效甚至被推翻，然而马克思主义的基本原理和根本价值取向是永远不会过时的，因为它科学揭示了人类社会发展规律、揭示了当代世界发展的必然趋势和走向。正因如此，当前马克思主义在东西方国家都拥有众多的信仰者、实践者，仍然是当今世界具有强大影响力的思想体系。

（作者为云南农业大学马克思主义学院院长、教授；
《人民日报》2016 年 9 月 1 日）

深入研究民法典制定中几个问题

李建华

党的十八届四中全会提出，加强市场法律制度建设，编纂民法典。全国人大今年确定了首先制定民法总则、继而全面整合民事法律的民法典编纂方案，开启了国家立法层面编纂民法典的大幕，一部科学化、体系化的保障公民私权利的"百科全书"呼之欲出。

民法典以意思自治为根基，对各种类型的私权进行体系化规定，是私权的集大成者。民法典的结构设计以及内容安排需要私权基本理论的支撑。在民法典制定之际，有必要强化私权理论研究，深入思考私权的类型、作用、特征以及私权体系的构建原则等基础理论，从而保障民法典既满足行为主体需要，又符合时代要求，具有科学性、合理性。民法典编纂过程中一些引起讨论的问题，如私权概念在私权体系中的作用、民法典涵盖的私权类型及不同类型私权之间的关系、人格权是否应当单独成编等问题均与私权基本理论相关，需要进一步加以澄清和辨析。

重视私权概念的作用。民法典是构建私权体系的基石，民法典的制定是实现私权体系化的最好契机。私权概念是私权体系展开的逻辑起点，是私权理论体系和私权制度体系设计的主线和方法论基础。应以私权概念的科学界定为切入点，在民法典制定过程中推动私权理论体系和制度体系的形成与完善。由于私权依赖私法的确认和保护来构成其核心内容，因此私权概念界定的有效方法之一就是与私法规范结合，按照统一的私法逻辑展开和深入推进。应从统一私法的视角，对分散的具体私权类型进行抽象、整合，构建整体性私权体系。

关注各种类型的私权。民法典之所以成为构建私权体系的基石，不仅因为民事权利是民法典的核心，而且因为民事权利在整个私权体系中居于核心地位。民事权利是私权的重要组成部分，也是最重要、最基本的私权类型，但两者并不等同。私权概念是对各种具体类型私权的共同内容的提炼和总结。民事权利是私权的下位概念，两者不应并列，更不能混同。私权是涵盖民事权利的一系列具体权利类型的抽象概念，具有框架性和开放性特征。无论是商事权利、知识产权，还是具有社会属性的劳动权、消费者权、环境权，都是行为主体在社会生活中不可或缺的私权。若将商事权利、知识产权排除在私权范围之外，就不能体现市场经济发展到高级阶段的时代特征；而对劳动权、消费者权、环境权的漠视，则无法体现私法规范包容、共享、可持续发展的价值理念。民法典中对私权体系的具体设计应满足包容性、开放性、稳定性等多重需要，在民法总则部分对私权类型体系进行概括，提炼出具体私权的共性因素，发挥总则的统辖功能，为新型私权的形成预留空间。

突出和强化人格权的地位。对民事主体人格尊严与自由的重视，要求私权体系的构建改变"见物不见人"、以财产权为绝对中心的传统私权体系模式。突出和强化对人格权的保护，体现了私权保护坚持以人为本的鲜明时代特征。以民法典的形式立法保护蕴含自由、尊严价值理念的人格权，顺应时代潮流和社会发展趋势，将是我国对世界民法典发展作出的重要贡献。

总之，民法典中的私权体系结构关系个人生存发展，影响社会健康发展。科学构建私权体系结构，需要考虑私权体系的整体性、完整性，避免对私权体系进行拆分，同时要考虑到理性抽象的可能性以及民法典的容纳力。只有科学运用立法技术，秉承求真务实精神，兼顾形式理性与价值理性的需要，才能制定出一部反映时代特征、符合我国实践需要的现代民法典。

（作者为吉林大学法学院副院长、教授；
《人民日报》2016 年 11 月 1 日）

中国法治建设要走自己的路

孙业霞

党的十八大以来，以习近平同志为核心的党中央围绕全面依法治国的重大问题，从思想理论上作出深刻回答、从顶层设计上作出战略部署，中国法治建设迈上新征程，开启了新时代。全面依法治国，走对路是关键。近年来，鼓吹西方"宪政民主"的暗流不时涌动，一些人将我们党依宪执政与西方的"宪政"混为一谈，声称中国要走西方的民主法治道路。事实上，走什么样的法治道路、建设什么样的法治体系，是由一个国家的基本国情决定的。历史和现实都表明：中国的法治建设必须从中国实际出发、走自己的路，突出中国特色、实践特色、时代特色。

从历史经验来看，走自己的路是我国法治建设的必然选择。近代以来，中国一直在学习和借鉴西方的法律理论与法律制度。但无论是清末的改良立宪方案还是后来的资产阶级民主共和方案，在中国都出现了"水土不服"，都没能取得成功。可见，法治建设如果严重脱离中国实际，必然导致失败。新中国成立后尤其是改革开放以来，我们党开始了中国特色社会主义法治建设道路的探索。这个过程既包括传承转化中国传统法律文化遗产，又包括吸收借鉴西方先进法治文明成果，更重要的是回应改革发展中的实际问题，在法治建设实践中积累了丰富经验。经过30多年的努力，我国在社会主义法治建设方面取得长足进步，无论是法治理念的树立、法律体系的完善，还是法律制度的创建、法学教育的发展，都取得了令人瞩目的成就。总结历史经验，在对待法治的态度上，人们已经达成一个基本共识，即走中国特色社会主义法治建设道路是必然选择。

从国外实践来看，走自己的路是我国法治建设的明智之举。在世界范围内主要存在两大法系，即以法、德为代表的大陆法系和以英、美为代表的普通法系。这两大法系在法典编纂、法律适用技术以及诉讼程序等诸多方面都呈现较大的不同。究其缘由，主要是它们在历史传统、政治思想以及发展水平等方面存在差异。另外，即便是适用同一法系，由于现实国情不同，不同国家的实际操作也有一定区别。近年来，盲目照搬西方理论和经验而使本国法治建设陷入困境的事例屡见不鲜。比如，"阿拉伯之春"后，部分国家在走向"西式民主"的同时，一系列突出矛盾和问题也开始涌现，包括政局动荡、经济发展举步维艰等。这些国家之所以遭遇这样的困境，一个重要原因就是在法治改革过程中只注重形式化的"民主"与"法治"，却忽视了民族、教派、军队等多重力量博弈的现实国情和民众改善生活的实际需求。由此也可以看出，一个国家的法治建设通常是受其特定历史传统和社会经济条件等因素制约的；坚持中国特色社会主义法治道路，是我国法治建设的明智之举。

从未来发展来看，走自己的路是我国法治建设的关键所在。鞋子合不合脚，只有自己最清楚。从这个角度讲，我们必须尊重中国国情、结合中国实际，与时俱进，走出具有自身特色的法治建设道路。中国特色社会主义的各项基本制度是我国法治建设中必须坚持的。在政党制度上，我国实行的是中国共产党领导的多党合作和政治协商制度。作为执政党，中国共产党在我国各项事业中始终处于核心领导地位，这一点必须牢牢坚持。全国人民代表大会是最高国家权力机关，应坚持和完善人民代表大会制度，充分发挥人大对一府两院的监督作用。此外，在法治建设中还必须坚持人民群众的主体地位，大力培育和弘扬现代公民意识与法治精神。总之，我国的法治建设既没有通行的制度可以照搬，也没有固定的模式可以模仿。只有坚持从我国实际出发，坚定沿着中国特色社会主义道路走下去，这样法治建设才能符合人民意愿，才具有旺盛生命力。

（作者单位：东北师范大学马克思主义学部；

《人民日报》2016 年 11 月 11 日）

夯实意识形态安全的思想基础

曹建文

意识形态安全关系我们党的执政地位和执政安全，关系国家安危、民族存亡和百姓福祉，须臾不可忽视。然而，当前一些人对意识形态工作却不同程度地存在"虚无论""无用论""教条论"等认识误区和错误论调。这不仅影响和干扰了意识形态工作，而且威胁到意识形态安全。对此，必须正本清源、以正视听。

警惕与批驳"虚无论"。意识形态工作是十分重要的宣传思想工作，是在人的头脑里搞建设。它涉及人们对世界和事物的看法、认知和理解，涉及对特定事物或事件的具体感知、价值判断与思想观念，无法用具体的产品、量化的标准来进行考量。因此，有人认为意识形态工作虚无缥缈、不可捉摸，不能体现为具体业绩或政绩，"干与不干一个样、干好干坏一个样"。事实上，意识形态工作事关"两个巩固"的大局，是最大的政绩与业绩。正如习近平总书记所指出的："宣传思想工作就是要巩固马克思主义在意识形态领域的指导地位，巩固全党全国人民团结奋斗的共同思想基础。"我们要从这样的高度来看待维护意识形态安全的重要性，有力批驳"虚无论"，克服意识形态工作的"虚无主义"倾向；同时，不断提高做好意识形态工作的能力，让意识形态工作"既有肉又有骨，既有看头又有干头"。

警惕与批驳"无用论"。作为中国特色社会主义事业的重要组成部分，意识形态工作与经济工作同等重要。有人认为经济建设才是有用的工作，而意识形态工作是"软工作"，可有可无、无关紧要。这种意识形态工作"无用论"是错误的。当前，我们正在进行具有许多新的历史特点的伟大斗争，意识形态领域斗争是其中一个十分重要的方面。如果意识形态工作不力、意识形态领域出现问题，我国改革发展的大好局面就有可能丧失，人民群众的幸福也就无从谈起。我们一定要从中国特色社会主义事业的大局出发，充分认识意识形态工作的重要性和必要性，并付诸实际行动，扎实做好意识形态领域的各项工作。

警惕与批驳"过时论"。历史一再证明，意识形态工作是党和国家建设的永恒课题，不存在过时的问题。然而，有人片面地认为强调意识形态工作就是"左"，认为"意识形态工作是革命战争年代的事情，在现在的和平年代已经过时了"。当前，意识形态"过时论"已成为加强意识形态工作、维护意识形态安全的"拦路虎"。应当看到，意识形态领域的斗争是一场无硝烟的战争，不仅战争年代存在，和平时期同样存在甚至更加尖锐。因此，党员干部特别是领导干部要时刻绷紧意识形态安全这根弦，在大是大非面前敢于斗争、敢于亮剑，始终坚持中心工作与意识形态工作"两手抓"，做到"两不误"。

警惕与批驳"教条论"。有人觉得做意识形态工作就是做虚功、搞宣教，简单地灌输党的理论和路线方针政策，有意无意地把意识形态工作教条化。对此习近平总书记指出，关键是要提高质量和水平，把握好时、度、效，增强吸引力和感染力，让群众爱听爱看、产生共鸣，充分发挥正面宣传鼓舞人、激励人的作用。这就告诉我们：做好意识形态工作要"接地气"，创新工作方式方法，大力推进理念创新、手段创新和基层工作创新，积极有效地利用不同媒体，与不同社会群体和社会阶层沟通，把深刻的道理讲清、讲透、讲够，谨防意识形态工作呆板化、机械化和脸谱化。

警惕与批驳"泛化论"。意识形态工作是一项特定的思想政治工作，有着独特的对象、方法和目的。在现实生活中，有人将意识形态工作泛化，"把意识形态工作当作箩筐，什么都往里面装"。比如，有的把正常的思想观念之辩、学术主张之争上升到所谓的"左右"之争，随随便便给人下结论、贴标签，使意识形态工作简单化、泛化。做好意识形态工作要明是非、识大体，时刻保持清醒的政治头脑，准确把握意识形态工作的边界。要理性平和地对待思想争鸣，正确处理指导思想一元化与社会思潮多样化的关系，正确看待和处理各种利益分歧与价值观碰撞，切忌把意识形态工作泛化。要在凝

聚各个群体与不同阶层共识中做实做巧意识形态工作，既及时揭露和批判各
种对我国主流意识形态的攻击、谩骂和诬陷，也给各种正常的思想观念论
争、学术交流讨论以宽松的空间和氛围。

（作者单位：光明日报社理论部；《人民日报》
2016 年 11 月 29 日）

认清"文化台独"的危害

郭海成

　　自蔡英文当局上台以来，在"法理台独"前途渺茫、无路可走的情况下，"文化台独"愈演愈烈，引起海峡两岸人民广泛关注。这既是对当前两岸关系的重大挑战，也对未来两岸和平发展造成严重威胁。然而，有人认为，"文化台独"影响有限，成不了气候，无需过虑。"文化台独"虽然不像"法理台独"那样容易直接加剧两岸紧张态势，但从长远来看，它对两岸稳定的冲击不容小觑，甚至有釜底抽薪之虞。对此，要认清其"庐山真面目"，保持高度警惕。

　　"文化台独"歪曲中国历史。蔡英文当局宣布废止课纲微调、禁止大陆及港澳学者借阅台湾"国史馆"资料、撤除台北故宫南院十二兽首陈列、拆除台湾抗战纪念碑。凡此种种，与陈水扁执政时期民进党当局在文化教育领域大力推行的"去中国化"一脉相承，其根本目的无外乎将台湾地区的历史与祖国大陆的历史分割，意图否定台湾自古以来就是中国领土神圣而不可分割的一部分这一事实。但是，蔡英文当局这种"刨根""挖魂"之举，只会加剧台湾社会的精神缺失与错乱。习近平同志指出，历史就是历史，历史不能任意选择，一个民族的历史是一个民族安身立命的基础。"文化台独"从历史虚无主义出发，刻意歪曲中国历史，否认两岸同属于一个中国的现实，否认两岸同属于华夏一脉的事实，其用心之险恶引人警醒。

　　"文化台独"撕裂台湾社会。蔡英文当局设置"原住民族历史正义与转型正义委员会"，她担任召集人并代表民进党当局进行所谓向"原住民"道歉活动，还宣扬要重建"原民史观"。事实上，此举可谓醉翁之意不在酒。重建"原民史观"，不过是用来对抗所谓"汉人史观"的幌子。这不仅否定了祖国大陆人民对台湾地区历史发展的贡献，而且从根本上否定了闽南人移居台湾的历史正当性与合法性。"原民"与"移民"的对立，加上"本省人"与"外省人"、"绿营"与"蓝营"的对立，只会使得台湾社会处于严重的族群分裂状态。历史发展表明，文化既有历史、社会属性，也有政治属性。全体台湾同胞同为中华儿女，是中华民族的一部分。这是广大台湾民众的基本共识，是两岸人民、全球华人的共识，得到国际社会的广泛认同，也是两岸关系稳步发展的政治基础。蔡英文当局面对台湾族群分裂，非但没有着力弥合，反而趁此乱象得售其奸，使得台湾社会的撕裂更趋严重。

"文化台独"制造两岸对立。蔡英文当局刻意"洗绿"台湾"中华文化总会"。岛内舆论直指此举乃变"中华文化总会"为"台湾文化总会"之先声，必定造成两岸文化认同的障碍。近日，蔡英文阵营更有人抛出应禁止台湾青少年"扯铃（空竹）"，因为"扯铃也是中国文化，是帮中国统战"的奇谈怪论，引发岛内舆论强烈反对。文化认同是民族认同、国家认同的基础。我国是有着悠久历史、幅员辽阔的多民族国家，虽然在几千年的发展过程中出现过短暂的内部纷争，但由于各地区、各民族都认同中华文化，所以融合统一始终是中华民族历史发展大势。如果一个国家内部的文化认同模糊不清甚至尖锐对立，必然导致国家分崩离析，20 世纪末期南斯拉夫的分裂就是一个典型的例子。因此，作为海峡两岸最大公约数的文化认同，可以说是两岸和平发展的稳固基石。蔡英文当局推行"文化台独"，对这一基石造成了重大损害。

（作者单位：重庆邮电大学马克思主义学院；
《人民日报》2017 年 2 月 7 日）

中国民主政治在不断完善和发展

袁久红

改革开放以来，中国的发展成就举世瞩目。然而，一些西方人士却认为中国的发展成就主要体现在经济方面，民主政治建设则停滞不前。这种观点的错误之处在于以西方民主的标准来评判中国，将三权分立、多党轮流坐庄等同于民主。实际上，由于历史文化传统和国情不同，每个国家的民主模式都有自身的特点，即使西方国家的民主模式也并非完全相同。因此，以西方民主的标准来评判中国的民主政治，只会得出错误结论。改革开放以来，中国特色社会主义民主政治（以下简称中国民主政治）一直在不断完善和发展，这是不争的事实。具体而言，中国民主政治建设的突出成就表现在以下三个方面。

坚持以民主政治建设促进经济发展。中国改革开放近40年的实践表明，民主政治建设是经济发展的强大推进器，中国共产党始终坚持通过制度变革与体制创新来推动社会生产力发展。邓小平同志指出："不改革政治体制，就不能保障经济体制改革的成果，不能使经济体制改革继续前进，就会阻碍生产力的发展，阻碍四个现代化的实现。"因此，他强调"精简机构是一场革命""调动积极性，权力下放是最主要的内容"。改革开放以来，我们党始终高度重视民主政治建设，为经济持续健康发展提供了有力政治保证。党的十八大以来，我们党更加注重增强改革的系统性、整体性、协同性，把简政放权作为全面深化改革的"先手棋"和转变政府职能的"当头炮"，有力促进了经济发展。

坚持以民主政治建设推进国家治理现代化。习近平同志指出，发展社会主义民主政治，是推进国家治理体系和治理能力现代化的题中应有之义。

党的十八大以来，中国民主政治建设取得了积极进展，有效促进了国家治理现代化。主要表现为：以保证人民当家作主为根本，坚持和完善中国特色社会主义民主政治制度，重点是推动人民代表大会制度与时俱进，包括健全人大立法机制、提高立法质量，强化人大对"一府两院"的监督，密切人大代表与人民群众之间的联系，拓宽公民有序政治参与的途径；推进协商民主广泛多层制度化发展，构建程序合理、环节完整的社会主义协商民主体系，协商民主无论在中央还是在基层都逐步走向制度化，工作机制进一步完善；全面依法治国被纳入"四个全面"战略布局，党的十八届四中全会对全面推进依法治国作出具体部署，社会主义民主政治的制度化、规范化、程序化水平进一步提高。

坚持以党内民主带动人民民主发展。在长期革命、建设和改革实践中，中国共产党形成了以党内民主带动人民民主的民主政治发展路径。党的十八大以来，我们党以自我革命的勇气全面从严治党，党内民主成为全面从严治党的重要基础、重要内容与重要手段，也带动了人民民主的发展。《关于新形势下党内政治生活的若干准则》共有12条，其中4条与民主建设直接相关，明确提出"党内民主是党的生命，是党内政治生活积极健康的重要基础"，并对坚持和完善党内民主制度作了具体规定。《中国共产党党内监督条例》所强调的监督，实际上也是广大党员、干部的一项重要民主权利。

中国民主政治建设取得了巨大成就，这是不容抹杀的事实。当然，中国民主政治仍然需要不断完善和发展。正如习近平同志所指出的，"这并不是说，中国政治制度就完美无缺了，就不需要完善和发展了。"与扩大人民民主和经济社会发展的要求相比，中国民主政治在体制、机制、程序和规范等方面还存在不完全适应的地方，需要进一步完善和发展，但这绝不能成为抹杀中国民主政治建设成就的借口。

（作者为东南大学马克思主义学院院长；

《人民日报》2017年8月3日）

在理性辨析中树立正确历史观

郭海成

历史观正确与否，关系人心聚散、国家兴亡、民族盛衰。习近平同志在党的十九大报告中强调，要引导人们树立正确的历史观、民族观、国家观、文化观。能否树立正确历史观，是意识形态领域的一个重大问题。然而，一些人认为历史观问题属于学术观点问题，与政治无关。事实上，历史观争论是当下意识形态领域斗争复杂化、隐蔽化的重要表现。我们要旗帜鲜明反对错误历史观，在理性辨析中树立正确历史观，确保新时代中国特色社会主义这艘巨轮始终沿着正确航向前进。

树立正确历史观，关键是坚持唯物史观。唯心史观脱离历史发展实际，常常以假设代替史实，对历史的认知和评价不是基于"回到历史现场"的客观审视，而是来自罔顾特定历史情境的主观臆断。但历史不容肆意假设，尤其是当这一假设暗含某种政治意图、带有某种政治目的的时候。当前，唯心史观的集中表现就是历史虚无主义。它常常披上学术外衣，打着还原真相、重新解读的幌子，在脱离时代背景与历史实际的情况下，对支离破碎的史料进行篡改、拼接，进而得出所谓历史真相，颇具迷惑性。历史就是历史，事实就是事实，任何人都不能改变。我们党之所以能在革命、建设、改革征程中领导人民披荆斩棘、从胜利走向胜利，就在于始终坚持唯物史观，始终用历史唯物主义的立场观点方法观察和处理问题。习近平同志指出："要坚持用唯物史观来认识和记述历史，把历史结论建立在翔实准确的史料支撑和深入细致的研究分析的基础之上。"以史实为依据，实事求是、理性客观，才是坚持唯物史观的正确态度和方法。

坚持唯物史观，要以发展的观点看待历史。形而上学史观用孤立、静止、片面的观点观察世界、看待历史，否认社会矛盾，否认社会发展，否定社会革命的作用，其典型表现是历史终结论。历史终结论认为，苏联、东欧国家社会主义实践的失败证明，西方的自由民主制度已成为"人类意识形态发展的终点"。马克思主义告诉人们，历史发展总是螺旋式上升的。习近平同志指出，"要反对形而上学的思想方法""要加强调查研究，坚持发展地而不是静止地、全面地而不是片面地、系统地而不是零散地、普遍联系地而不是单一孤立地观察事物"。社会主义实践在苏东受挫，并不意味着社会主义的失败，失败的只是那种僵化的社会主义模式。或一叶障目不见泰山，或昧于表象不明大势，或囿于一隅不顾全局，这些都是形而上学思想方法的表现。当前，中国特色社会主义取得历史性成就、产生全球性影响，为人类追求美好生活提供了中国方案。事实证明，历史并未终结。

坚持唯物史观，还要坚持历史合力论。线性史观认为历史发展是线性的，它忽视社会历史发展的系统性和整体性，将复杂的历史发展过程简单化。在线性史观"进步"和"落后"的两极论述下，不同民族被分置于线性的历史发展过程中，各民族独特的内在发展逻辑被忽略或掩盖。在此框架下，西方国家理所应当地把"文明"引入其他"野蛮"国家，帝国主义的殖民过程就此合理化。事实证明，西方模式并不是唯一正确的发展路径，当前的西方之乱就是最好注脚。世界文明发展的道路从来都是多元的，丰富多彩的人类文明各有其存在价值。各国命运握在各国人民手中，人类前途系于各国人民的抉择与共同努力。人类必须从"西方中心主义"的窠臼中跳出来，尊重文明多样性，以文明交流超越文明隔阂、文明互鉴超越文明冲突、文明共存超越文明优越，坚持历史合力论，同心协力构建人类命运共同体。

（作者单位：重庆市中国特色社会主义理论体系研究中心；《人民日报》2018 年 1 月 8 日）

走出对我国社会主要矛盾认识的误区

徐方平　高　静

习近平同志在党的十九大报告中指出："中国特色社会主义进入新时代，我国社会主要矛盾已经转化为人民日益增长的美好生活需要和不平衡不充分的发展之间的矛盾。"我国社会主要矛盾发生的变化，是关系全局的历史性变化。当前，一些人对我国社会主要矛盾的变化还存在认识误区，突出表现为不能辩证把握我国社会主要矛盾的"变"与我国基本国情的"不变"之间的关系。

误区一：有人认为，我国社会主要矛盾发生变化而基本国情没有变，表明社会主要矛盾的变化可以不受基本国情的制约。产生这一误解的主要原因，是没有认识到社会主义初级阶段是一个很长的并且不断发生阶段性变化的历史过程。

我国正处于并将长期处于社会主义初级阶段，是党的十一届三中全会后我们党对我国基本国情的科学判断。社会主义初级阶段是一个很长的历史过程，其特征不可能不发生某些阶段性变化。因此，这一很长的历史过程可以根据社会发展的阶段性特征划分为几个相对较短的发展阶段。我国社会主要矛盾会因为社会发展的阶段性特征出现新的变化，但从根本上说仍是由社会主义初级阶段这个基本国情决定的。

党的十一届六中全会指出，在社会主义改造基本完成后，我国所要解决的主要矛盾，是人民日益增长的物质文化需要同落后的社会生产之间的矛盾。对社会主要矛盾的这一分析是符合当时我国社会发展的阶段性特征的，是由社会主义初级阶段这个基本国情决定的。党的十九大对我国社会主要矛盾作出新的重大判断，这一新的重大判断是符合新时代我国社会发展的阶段性特征的，同样是由社会主义初级阶段这个基本国情决定的。社会主要矛盾之所以发生变化，从根本上说是因为社会主义初级阶段进入到一个新的发展水平，今天的社会主义初级阶段同以往几十年相比已不是同一发展水平。从唯物辩证法的角度看，本质是事物的根本性质，具有相对稳定性；现象是事物本质的外在表现，具有相对变化性，不同的现象可以有共同的本质。从某种意义上说，社会主义初级阶段这个基本国情是本质，在很长一个历史时期具有"不变"的相对稳定性；社会主要矛盾是现象，具有"变"的特性。当前，我国社会主要矛盾发生变化而基本国情没有变，并不意味着社会主要矛盾不受基本国情的制约。

误区二：有人认为，我国社会主要矛盾发生变化，表明我国社会需要与社会生产之间的矛盾在"质"的方面发生了根本变化，因此可以改变对社会主义初级阶段这个基本国情的认识。这种认识也是不正确的。

社会需要与社会生产之间的矛盾贯穿于社会发展始终。社会主义改造完成后，我国生产力比较落后的实际情况决定了我国社会主要矛盾是人民日益增长的物质文化需要同落后的社会生产之间的矛盾。在长期的社会主义建设特别是改革开放以来持续快速发展的基础上，党的十八大以来我国经济社会发展取得历史性成就，我国发展进入新的历史方位，我国社会主要矛盾发生了变化。但这一变化并不意味着我国社会需要与社会生产之间的矛盾在"质"的方面发生了根本变化。从社会需要角度看，人民的需要由过去相对简单的物质文化需要提升为更高要求的物质文化需要，而且在民主、法治、公平、正义、安全和环境等方面的需要也日益增长，这主要意味着社会需要的层次在提升、内涵在拓展。从社会生产角度看，我国社会生产不再是"落后的"，社会生产力水平总体上显著提高、社会生产能力在很多方面进入世界前列，但发展仍然是不平衡不充分的。这两个方面的情形表明，"量"的变化的阶段性特征显而易见，但相对于社会主义初级阶段这个基本国情、相对于中国特色社会主义发展的宏伟目标来说，这只是"量"的积累和"量"的变化，并不是"质"的根本性改变。正因为如此，我国社会主要矛盾的变化并没有改变我们对我国社会主义所处历史阶段的判断，我们仍然要牢牢把握社会主义初级阶段这个基本国情。

（作者单位：湖北省中国特色社会主义理论体系研究中心
湖北大学分中心；《人民日报》2018年1月18日）

辩证认识社会主要矛盾变化与历史阶段不变

李 健

党的十九大报告指出，中国特色社会主义进入新时代，我国社会主要矛盾已经转化为人民日益增长的美好生活需要和不平衡不充分的发展之间的矛盾。报告同时指出，我国社会主要矛盾的变化，没有改变我们对我国所处历史阶段的判断，我国仍处于并将长期处于社会主义初级阶段的基本国情没有变，我国是世界最大发展中国家的国际地位没有变。目前，社会上一些人还存在模糊认识，认为社会主要矛盾变了就意味着我国社会主义不再处于初级阶段了。对此，需要运用唯物辩证法，全面准确地加以认识和把握。

党的十九大作出我国社会主要矛盾发生变化，同时我国所处历史阶段没有改变的论断，体现了对唯物辩证法的坚持和运用。辩证唯物主义认为，经过一定量变，事物发生部分质变，发展会进入一个新的阶段。这时虽然主要矛盾变化了，但并没有终结这一事物发展的全过程，"变"与"不变"是统一的。毛泽东同志在《矛盾论》中这样分析："事物发展过程的根本矛盾及为此根本矛盾所规定的过程的本质，非到过程完结之日，是不会消灭的；但是事物发展的长过程中的各个发展的阶段，情形又往往互相区别。"同一过程各个阶段的统一，是由于事物本质在各个阶段中具有一致性；同一过程各个阶段相互区别，首先就是由于主要矛盾的变化。在事物保持其本质的条件下，主要矛盾"变"与过程自身"不变"的辩证统一，是普遍存在的客观规律。

社会主义初级阶段是一个比较长的历史进程。在这一历史进程中，社会主要矛盾也会随着社会发展而变化。中国特色社会主义进入新时代，这是我国社会主义初级阶段这一较长历史过程中发生的一次十分重要的阶段性变化。当前，我国社会生产力水平总体上显著提高，社会生产能力在很多方面进入世界前列。同时，人民群众的需要呈现多样化多层次多方面的特点，不仅对物质文化生活提出了更高要求，而且在民主、法治、公平、正义、安全、环境等方面的要求日益增长。这两方面的变化，使得我国社会主要矛盾的原有表述已经不能准确反映我国社会发生的深刻变化，不能准确反映中国特色社会主义进入新时代的历史转变，不能准确反映我国发展新的历史方位。因此，党的十九大报告指出，发展不平衡不充分问题已成为满足人民日益增长的美好生活需要的主要制约因素，从而作出关于我国社会主要矛盾发生变化的新表述。

我国社会主要矛盾的变化仍然是社会主义初级阶段发展过程中的变化。社会主义初级阶段是社会主义不发达的阶段，这种不发达体现在经济、政治、文化、社会、生态等多个方面。当前，虽然我国稳定解决了十几亿人的温饱问题，总体上实现小康，但还面临不少困难和挑战，如发展不平衡不充分的一些突出问题尚未解决，民生领域还有不少短板，社会文明水平尚需提高，社会矛盾和问题交织叠加，意识形态领域斗争依然复杂，一些改革部署和重大政策措施需要进一步落实，党的建设方面还存在不少薄弱环节，等等。因而，我国社会主义所处历史阶段没有改变，我国仍处于社会主义初级阶段。

总之，我们既要看到我国社会主要矛盾变化所带来的关系全局的历史性变化，也要看到社会主义初级阶段的基本特征和根本任务并没有发生变化。我们仍然需要立足社会主义初级阶段的基本国情，坚持党的基本路线，坚持发展这个第一要务，把中国特色社会主义事业不断推向前进。

（作者为北京大学马克思主义学院副教授；

《人民日报》2018 年 3 月 20 日）

马克思主义具有永恒的价值

马纯红

马克思主义自诞生之日起，就成为人类社会发展的指路明灯。但在东欧剧变、苏联解体后，形形色色的马克思主义失灵论、过时论、无用论出现了，一直在质疑马克思主义还灵不灵，能否继续指引人类社会发展进步。实际上，这些论调是对马克思主义一知半解或歪曲误读的产物。只要对马克思主义进行全面深入的研究，就会发现所谓"马克思主义还灵不灵"是个伪命题。

马克思主义科学有效，绝不会失灵。习近平同志指出，"无论时代如何变迁、科学如何进步，马克思主义依然显示出科学思想的伟力，依然占据着真理和道义的制高点"。进入 21 世纪，探索总结人类社会发展规律，认识把握当今世界变化趋势，依然离不开马克思主义的指导。所谓"马克思主义失灵论"认为，在资本主义高度发达的今天，马克思主义已经无法解释或解决人类社会问题，马克思主义已经失灵。这种观点的错误之处在于，未能认识或不愿正视马克思主义理论体系的科学性。然而，正是科学性决定了马克思主义绝不会失灵。作为一个科学理论体系，马克思主义将辩证法和唯物论高度统一起来，把唯物辩证的自然观和历史观高度统一起来，用辩证唯物主义和历史唯物主义的深刻思想逻辑、严谨思维体系、科学思维方法全面系统深刻阐释自然界、人类社会和人的思维发展的一般规律，开辟出人类认识的新纪元。马克思主义既是世界观也是方法论，其立场、观点和方法无论何时都是人类认识世界、改造世界的有力思想武器。

马克思主义开放包容，绝不会过时。所谓"马克思主义过时论"认为，马克思主义只是特定时代针对特定问题而产生的理论，只能指导当时的社会实践，在今天已经过时。事实上，马克思主义一直随着时代和实践的发展而不断发展，是一个开放包容的理论体系。这就决定其绝不会过时。马克思主义并没有结束真理，而是开辟了通向真理的道路，它不是僵化不变的"绝对体系"，不是僵死的教条。马克思主义坚持面向时代，永不止步于既有结论，一部马克思主义发展史也是一部与时俱进的创新史。马克思、恩格斯终其一生都在不断总结新经验、探索新问题、进行新创造。作为马克思主义政党，中国共产党在革命、建设和改革中坚持理论创新，与时俱进推进马克思主义中国化，形成了毛泽东思想、邓小平理论、"三个代表"重要思想、科学发展观、习近平新时代中国特色社会主义思想等重大理论创新成果。事实表明，无论过去、现在还是将来，只要立足时代、观察时代、解读时代、引领时代，坚持开放包容，马克思主义就绝不会过时。

马克思主义谋求人类幸福，绝不会无用。马克思主义是一门为绝大多数人谋幸福的学问。习近平同志指出，"马克思主义坚持实现人民解放、维护人民利益的立场，以实现人的自由而全面的发展和全人类解放为己任，反映了人类对理想社会的美好憧憬"。所谓"马克思主义无用论"认为，马克思主义主张工人阶级运动和暴力革命，在和平与发展成为时代主题、阶级差异日益消弭的今天，马克思主义已成为无用的思想。且不说其对当今世界阶级状况的认识存在错误，这种论调的错误之处还在于没有理解马克思主义的崇高追求。事实上，一种思想理论体系是否有用、有多大作用，除了取决于其科学性、真理性，还取决于其价值追求。马克思主义以实现人的自由而全面的发展、实现人类幸福为价值旨归。无论历史上还是现实中，马克思主义者始终坚持在实践中孜孜探求人类幸福的真谛，奋力追求以人民为中心的发展，奋力追求人的自由而全面的发展，奋力追求人类解放和幸福。可以说，为人类追求幸福提供思想指引、为人类享有幸福提供行动指南，是马克思主义放射永恒光芒的根本原因。只要人类追求幸福的脚步没有停歇，马克思主义的历史使命就不会结束，马克思主义就具有永恒的价值。

（作者为湖南省社会科学院研究员；
《人民日报》2018 年 4 月 27 日）

把提高权利意识和发扬奉献精神结合起来

北京市习近平新时代中国特色社会主义思想研究中心

随着我国经济社会发展和人民生活水平提高，人民群众的权利意识不断增强。同时，中国人民正在中国共产党的带领下为实现中华民族伟大复兴中国梦而奋斗，改革发展的任务十分艰巨，需要全社会牢固树立家国情怀、弘扬奉献精神。然而有人认为，奉献精神与权利意识格格不入，弘扬奉献精神就会弱化权利意识；也有人说，权利意识侵蚀了奉献精神，最终会使人成为"精致的利己主义者"。这种把权利意识和奉献精神对立起来的观点，不仅误解了权利意识的性质和内涵，也低估了奉献精神的力量。

其实，中国早就有推己及人、成己达人和己所不欲、勿施于人的古训，揭示了个体和他人和谐相处的伦理规则。今天，人们不断增强的权利意识与需要大力倡导的爱国奉献精神更是相通的，两者可以并行不悖、互为促进。

权利意识是奉献精神的重要思想基础。虽然权利意识主要体现为个人对自身利益的主张，但也蕴含着对个体和集体之间关系的正确认知，意味着个体对集体的认同和对集体义务的遵守。当个体确立起权利意识的时候，他无法仅靠自己来实现这些权利，而要将自己置于集体之中，信赖集体能为其人身和财产权益提供保障，个体和集体之间的联系因此得到强化。正是在权利意识下，个体才能深刻感受到自身是受到集体保护的一员，感受到与整个集体休戚相关的关系，继而自觉产生对集体的认同和反馈集体、回报社会、爱国奉献的情感。因此，权利意识的实现有赖于国家、集体和个体之间的法律保护关系，而奉献精神则是拥有法定权利的个体对国家、集体的保护予以认同后自发的情感表达和自觉的义务承担。

在精神层面，权利意识与奉献精神内在相通。权利意识并不是"拔一

毛而利天下，不为也"的狭隘自利主义，更不是损人利己、损公肥私的极端
个人主义。权利的实现必然意味着责任和担当，权利意识也具有"义"的特
征和功能。权利的实现要有正当法律基础、正确价值取向，这种正当和正确
的一个重要体现就是在行使法律赋予或确认的权利时，也要承担、履行相应
的责任和义务。我国宪法明确规定，中华人民共和国公民在行使自由和权利
的时候，不得损害国家的、社会的、集体的利益和其他公民的合法的自由和
权利。因而，权利意识并不回避责任和义务，而是以积极的姿态去界定责任
和承担义务。权利意识和奉献精神从不同角度强调责任和担当，权利意识所
对应的是法律层面的责任和义务，而奉献精神则在道德层面提出更高追求。
权利意识可以为奉献精神注入法治元素，奉献精神可以为权利意识提供道德
滋养，两者在思想上能够相得益彰。

　　权利意识保证奉献精神可操作、可持续。奉献精神虽然倡导付出，鼓
励人们构筑精神高地，但也尊重人们维护自身权利的要求。权利意识要求人
们在享受他人奉献所带来便利的同时，不能对他人的权利视而不见。只有既
褒扬公民的奉献精神，又尊重并维护公民在受教育、休息、获得物质帮助等
各方面的合法权益，才能形成对奉献精神的制度性保障。这已体现在法律规
定中。例如，民法总则规定了保护他人民事权益、自愿实施紧急救助等见义
勇为行为的补偿问题和免责情形，从制度上免除了见义勇为者的后顾之忧。

　　我们要正确认识权利意识和奉献精神的关系，以奉献精神引导权利意
识，以权利意识保障奉献精神，把提高权利意识和发扬奉献精神结合起来，
实现法安天下与德润人心同行并举。

（执笔：王理万；《人民日报》2018 年 9 月 14 日）

文 化